젠더 정체성은
변화하는가?

신지식교양인을 위한 젠더 입문서

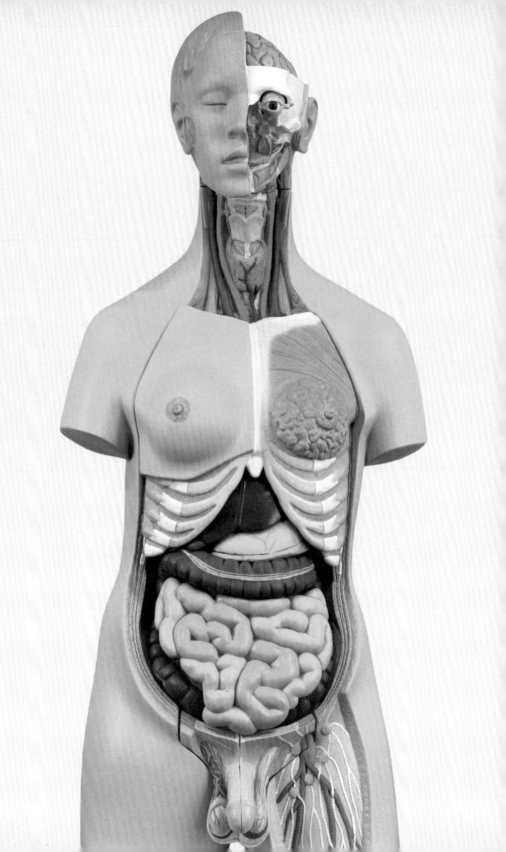

젠더 정체성은 변화하는가?

신지식교양인을 위한 젠더 입문서

도판 160점 이상

자유의길
The Roads to Freedom

샐리 하인즈 지음 | 조현준 옮김

WE DON'T
CARE

A

이 책은 젠더에 대한 다양한 해석과 사례를 탐구하면서 젠더의 의미를 고찰한다.
앞으로 더 분명해지겠지만 '젠더란 무엇인가?'라는 질문은 결코 단순하지 않다.
이 책에서 '섹스sex'라는 용어가 보통 남녀의 생물학적 특징이라면, '젠더gender'는
사회나 문화 요인을 말한다.

섹스와 젠더의 관계는 복잡하다. 사실 젠더를 이해하는 완전히 다른 방식만 해도 서너 가지가 있다.

어떤 사람들은 젠더가 번식을 위한 생물학적 특성에서 나온 말이라고 주장한다.
이들은 젠더가 남자와 여자를 완전히 구분하는 신체 차이, 즉 호르몬과
염색체 차이에서 시작되었다고 말한다. 그리고 또 다른 사람들은 젠더가 사회
규범이라고 주장하기도 한다. 젠더란 사회에서 여자와 남자라고 규정하는 행동,
역할과 기대를 조합했다고 보는 것이다.

반면 젠더가 이러한 생물학과 사회 요인을 합한 결과라고 생각하는 사람도 많다.
오늘날에는 젠더란 고정되지 않은 것, 훨씬 더 다양한 방식으로
이해되고 표현되는 것이라 말하는 사람들이 늘어나고 있다.

앤 파우스토 스털링Anne Fausto-Sterling(1944~)이나 코델리아 파인Cordelia Fine(1975~)과
같은 과학자들은 양성간 신체와 생리학적 차이 중 일부는 그렇게 뚜렷하게 보이지 않는다고
강조한다. 이런 관점 모두가 젠더를 변화하거나 유연한 것으로 여긴다. 다시 말해,
젠더는 유동적인 것으로 간주된다.

젠더 유동성이라는 것은 젠더가 생물학으로 고정된 개념이 아니라 사회·문화·개인의 선호도에 따라 달라질 수 있다는 의미다.

A 1960년대 네슬레 잡지 광고.
   가정 내 전통적 성 역할을
   보여준다.
B 1981년 캘리포니아 주
   샌프란시스코의 한
   호텔방에서 포즈를 취한
   트랜스 여성들. 요즘은
   트랜스젠더가 점점 인정받는
   추세지만, 1980년만 해도
   미국 정신의학회는 이들을
   '젠더 정체성 장애'로
   분류했다.

B

A

쉽게 말해, 젠더가 세 요인의 조합이라고
생각해보자. 육체body 혹은 육체성physicality에는
세 가지 요소가 있다. 각기 다른 사람들의 몸의
실제, 그 사람이 자기 몸을 경험하는 방식, 자신의
몸으로 다른 사람들과 소통하는 방식이다. 이러한
젠더의 육체적 양상은 젠더 정체성gender identity 및
젠더 표현gender expression과 상호작용한다.
한 사람의 젠더 정체성은 고정된 채로 있을 수도
있고, 시간이 지나면서 변할 수도 있다. 태어날 때
정해진 자신의 성 그리고 자기의 젠더 표현과
맞을 수도, 맞지 않을 수도 있다.

최근, '젠더 플루이드genderfluid'나 '젠더 플럭스genderflux'를 대중이 인식하기 시작했다. 젠더가 비이분법적non-binary이라는 생각이 확산되면서, 젠더 다양성gender-diverse인 사람들도 눈에 띄게 늘었다. '젠더퀴어gender queer', '무젠더agender'와 같은 용어도 과거와 달리 남녀를 이분법으로 나눠서는 설명할 수 없는 경험과 정체성을 때때로 표현한다. 많은 사람들이 자기 정체성을 남자와 여자의 범주 너머에 있다고 본다. 또 어떤 사람들은 자신의 젠더 정체성이 시간이 지나면서 변했다고도 말한다.

젠더는 삶 구석구석에 스며있고, 근본적으로 우리 삶의 구조라 할 수 있다. 어린 시절 권장되는 놀이 활동, 아이가 보여줄 것으로 기대되는 행동, 학창 시절 배운 교과목, 어른이 되어 맡게 되는 직업과 책임에 이르기까지 젠더는 우리가 살아가는 모든 것에 영향을 미친다.

젠더 다양성

여기 속한 사람들은 젠더화된 몸, 젠더 정체성, 젠더 표현 아니면 이 세 가지 요인의 조합과 관련해 자신이 속한 사회의 규범이나 가치에 따르지 않는다. 폭넓은 범주이며 엄청나게 다양한 사람과 실천과 경험을 포괄한다.

젠더 퀴어

어떤 사람의 젠더 정체성이 남성적이거나 여성적인 사회 규범에 안주하지 않고, 이런 이분법 사이에 있거나 바깥에 있는 사람을 말한다.

무젠더

어떤 젠더도 갖지 않는 것. 자기 정체성을 세우거나, 젠더가 없거나 중립적이라고 느낀다.

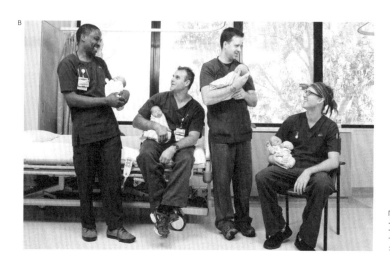

A 이스라엘 방위군의 일부인 혼성 스라소니 보병 대대. 남녀 군인 모두가 있는 최대 전투부대 세 개 중 하나.

B 시드니의 웨스트미드 병원에 있는 남자 조산원들. 남자 조산원 수가 증가하는 추세긴 하지만, 2017년 이 병원에서는 여전히 327대 5로 여자 조산원 수가 남자 조산원보다 많다.

A

통합적 글쓰기
프랑스어에서 혼성 집단의
복수형태에 두 젠더가 같이
들어간 형태를 써서 문법적 젠더를
중립화하려는 것이다. 이를 테면, 현재
'électeurs'라고 쓰는, 남녀 유권자
집단은 'électeur.rice.s'가 된다.

체현
사람이 몸으로 산다는 사실과, 몸으로
살아가는 경험을 말한다. 사회적
기대라는 맥락에서 몸을 경험하는
방식, 또 그 기대가 몸에 영향을 주는
방식과도 관련된다.

젠더는 정체성, 친밀한 관계, 일상의 경험 그리고 사회·문화적 지위를 결정하는 핵심
요소로 작용하는데도, 그 사실을 느끼지 못할 때가 많다. 젠더는 삶을 구성하는 외적
요소이기도 하고 또 우리와 주변인의 인생 가능성을 생각하는 방식에도 영향을
미친다. 우리가 젠더에 대한 사고 방식을 바꾸면, 우리 자신과 다른 사람들 동물까지도
분류하는 근본 방식이 달라진다. 몇몇 언어와 문화에서는 일상의 물건이나 그
물건을 기술하는 말도 달라진다. 예를 들어, 불어에서 형용사는 해당 명사의 젠더에
따라 문법적 성이 결정된다. 남자가 한 명이라도 있는 집단의 기본형 명사의 젠더는
남성형이 된다. 그 집단의 나머지가 다 여자로 구성되어 있어도 말이다. 이러한 방식은
논쟁거리가 되었다. 행동주의자들은 통합적 글쓰기inclusive writing 캠페인을 벌였고,
그 결과 혼성 젠더 집단을 가리킬 때는 문법상 남성형과 여성형 둘을 결합시켰다.

젠더의 이해와 그에 따른 실천이
일관된 적은 없었다.

젠더가 일상생활에서 경험되는 방식은 여러 다른 역사, 사회, 문화의 틀에서 나온다. 전형적 남성성과 여성성으로 보이던 특성도 시간이 흐르면서 많이 변했다. 한 나라에서 남자나 여자에게 일상적인 것이, 다른 나라에서는 받아들일 수 없는 것일 수도 있다.

각기 다른 21세기와 18세기 영국 여자, 21세기와 18세기 사우디아라비아 여자의 행동으로 일상적이거나 수용될 만한 것이 무엇일지 생각해보자. 심지어 한 사회 안에서도 서로 다른 공동체가 젠더의 규범과 가치에 대해 여러 다른 생각을 갖고 있다. 젠더는 인종·사회 계급·섹슈얼리티·체현embodiment과 같은 다른 사회적 범주와 뒤엉켜 있다. 다른 범주화 방식과 권력 체계를 통해 사회적 지위를 갖는 과정을 살펴보면, 우리가 어떻게 젠더를 통해 사회적 지위를 얻는지 분명히 알 수 있다.

A 〈18세기의 사회
   캐리커처〉(1772)에 실린
   '마카로니 화가 혹은
   초상화 때문에 포즈를
   취한 빌리 딤플'이라는
   제목의 일러스트.
   마카로니 원피스를 입은
   화가가 그 시대의 과장된
   패션을 풍자하면서 동료
   마카로니(*18~19세기
   여행을 좋아하는 영국의
   젊은 신사들로, 외국 풍습의
   영향을 받아 외모에 관심이
   많은 남자), 어쩌면 멋쟁이를
   그리고 있다. 이들은
   여성스럽게 보이는 옷을
   입는 것으로 유명했다.
B 메트로폴리탄 박물관의 남성
   의류 컬렉션 가운데, 18세기
   남성 파리지앵 패션 관련
   인쇄물. 남자들도 코르셋을
   착용했다는 사실을 알 수
   있다.

페미니스트 법학자 킴벌리 크렌쇼Kimberle Crenshaw(1959~)가 억압 체계가 서로 중첩되는 방식을 분석하려고 계발한 '교차성'intersectionality이론은, 젠더가 어떻게 다른 구조적 위치, 예컨대 사회 계급 및 인종과 연결되는지를 인식하는 데 매우 중요하다. 이를 테면, 노동계급 여성의 역사를 보면 젠더 역할이 사회 계급에 대한 이해와 경험을 통해서 구성된다는 것을 알 수 있다. 이와 유사하게 인종과 젠더라는 한 쌍의 범주화 체계는 둘 중 하나 혹은 두 영역 모두에서 소수자를 억압할 수 있다.

교차성 이론은 여자, 남자 혹은 비이분법적인 사람에 대한 사회의 기대, 그들에게 열린 가능성 그리고 이런 범주간의 관계를 이해하는 것 이 모두가 문화 때문에 형성된다는 사실을 알려준다. 문화는 젠더 관계를 알려주고, 삶을 사는 주요한 생활 양식을 형성해 가면서 사회를 조직하는 중심 원칙으로 작용한다.

그러나 문화는 결코 고정되어 있지 않다.

젠더가 어떤 의미인지 이해하려는 방식이 수없이 많다는 것은 전 세계적으로 각양각색의 사회·문화· 정치·법·종교·경제 현실이 있다는 뜻이다. 젠더 역할은 엄청나게 많은 요인과의 관계 속에 구성된다.

A   1971년 문을 닫은 스키닌그로브 용광로 공장처럼 전통적인 남자의 노동은 흔히 중공업에서 나타났다. 영국에서는 1970~80년대 대처의 보수당 내각 때 철강과 석탄 공장이 문을 닫았다.

B   중국 문화 혁명 때 나온 1970년대 선전용 포스터. 여성의 노동력 참여에 대한 태도 변화를 촉구한다. 마오쩌둥은 중국의 산업 역량이 서구의 역량과 대등하기를 바랐다.

B

예컨대, 중국에서 공산주의 통치 이전에는 여성의 역할이 상당 부분 가정적이고.
장식적인 것으로 보였다. 그와 반대로, 중국 공산당은 2011년 UNUnited Nations에
젠더 평등을 주장하고자 '여자가 하늘의 절반을 떠받친다'는 표어를 선전했다.
이후 여성이 고등교육을 받고 직장에서 일하게 되는 비율이 늘어나면서, 중국
대도시에 사는 여성과 소녀의 삶이 개선되었을 수도 있다. 그렇지만 중국 시골에서
일어나는 여성의 경험에 대한 연구는 여전히 여성 문맹률이 높고, 어린 나이에
조혼하는 여성이 많다는 사실을 보여준다. 다시 말해, 젠더에 대한 이해와 실천은
역사면에서 또 문화교차적으로도 폭이 넓을 뿐만 아니라 같은 시대,
같은 나라 안에서도 매우 다양할 수 있다.

교차성 인종, 계급, 젠더, 섹슈얼리티, 체현, 능력 등을
포함해서 여러 다른 사회 범주가 겹쳐져서 억압이나
불이익 체계를 생산하는 방식을 설명한다. 따라서 이런
범주 중 하나 이상에서 억압이 나타난 사례는 함께,
상호간 맥락에 따라 분석해야 한다.

UN(유엔) 1945년 여러 다른 문제 중에서도 평화,
인권, 기본적 자유를 증진하기 위한 국제 협력을
이루고자 창립되었다. 현재 193개의 회원국이 있다.

사회에 있는 다른 문화적이고 구조적인 요인과 연결하는 것 외에도, 젠더는 가부장제 patriarchy와 밀접하게 연관된다. 가부장제라는 용어는 페미니스트 작가 실비아 월비 Sylvia Walby(1953~)가 《가부장제 이론》(1990)에서 남자가 여자를 착취하는 사회 체계를 설명하고자 사용했지만, 지금은 원래 뜻에서 더 발전했다. 월비는 사회학 관점에서 책을 쓰면서, 가부장제의 여섯 가지 연결된 특성을 제시했다. ①국가: 여자는 정부에서 공식적 권력이나 대표성이 약하다. ②가정: 여자는 집안일을 하고 아이들을 키우는 경향이 크다. ③폭력: 여자는 학대당하는 경향이 크다. ④유급 노동: 여자는 남자보다 급여를 덜 받는 경향이 있다. ⑤섹슈얼리티: 여자의 섹슈얼리티는 부정적으로 다루어지는 경향이 크다. ⑥문화: 여자는 미디어와 대중문화에서 잘못 재현되는 경향이 크다.
월비는 이런 남성 지배 요소들이, '다른 문화와 다른 시간대에는 다른 형태'로
분명히 있다고 주장했다.

이 책은 젠더를 다양한 관점에서 꼼꼼히 살필 것이다. 동시에 젠더에 대한 다른 정의도 탐구하고 젠더가 얼마나 유동적인지 그 정도도 알아볼 것이다.

B/C 1950~60년대의 실제 광고를 바탕으로 만든 허구적 이미지 컬렉션인 엘리 레즈칼라의 '어느 평행 세계'. 이 시리즈는 현대의 성차별주의에 유머러스하게 도전하고자, 역할 바꾸기 놀이를 활용했다.

레즈칼라는 "여자란 요리하고 주방을 관리하며 '여자다운 의무'를 충실히 다할 때 얼마나 잘 사는지에 대해 삼촌이 말하는 것을 우연히 듣다가" 이 작품을 만들게 되었다.

A

You mean a <u>woman</u> can open it?

You mean a <u>man</u> can open it?

가부장제 원래 남자가 이끄는 사회나 정부체제를 말한다. 그 안에서 재산은 남자 계보로만 상속되고, 가장 나이 많은 남자가 가족 단위의 가장이 된다. 지금은 남자가 여자보다 더 많은 권력을 갖는 사회 체계를 말하는 데 사용된다.

행위능력 한 사람이나 한 집단이 독립적으로 행동하고 선택할 수 있는 능력. 행위능력은 특정한 방식으로 어떤 행위를 선택할 수 있는 힘을 뜻하며, 자신이 선택한 행위를 할 수 있는 힘을 말한다.

먼저, 1장은 젠더가 어떻게 생물학적 섹스의 사회적 표현으로 이해되어왔는지 살핀다. 2장은 젠더를 사회 구성물로 보고, 사회의 변화가 젠더 표현에 미친 영향력을 다룬다. 3장은 남녀의 이분법적 범주에 걸쳐있거나 둘 사이에 있거나 그 너머에 있는 다양한 실천을 연구해서 마침내 젠더가 유동적이라는 사실을 이해할 수 있게 한다.

이 책은 젠더가 모든 불평등의 구조가 되고, 가능성을 제한하는 사회 구조라는 점에 초점을 둘 것이며, 아울러 젠더화된 행위능력agency도 설명할 것이다.

4장은 젠더 구조에 도전하는 몇 가지 방식들을 알아본다. 개인이자 사회 집단으로서의 우리가 어떻게 지배적 젠더화 과정에 질문을 던져서, 젠더를 다르게 생각하고 또 다르게 살아낼 대안을 찾아볼 것이다.

1. 생물학적 섹스를 표현하는 젠더

A

본질주의 각 사물이 일단의 특성, 즉 그 본질을 가지고 있다는 신념에 기반한 관점. 이 일단의 특성이 사물을 규정하며 그 사물의 정체성과 기능에 근본적이라고 본다.

성적 이형성 같은 종의 암수가 갖는 남녀의 특징적 차이. 크기, 색깔, 신체구조, 표식 그리고 성기의 특징을 넘어서는 이차적인 성적 특징 등을 포함한다.

사회생물학자 생물학과 진화의 관점에서 동물과 인간의 사회적 행위를 설명하고자 한다. 신체 특질처럼 사회적 행위도 오랜 시간 자연 선택을 통해 각각의 종에서 진화했다고 주장한다.

먼저, 젠더와 생물학적인 섹스 사이에 전제된 관계를 살펴보자. 생물학적 섹스는 젠더에 대한 이해 및 전제에 있어 너무나 중요하기 때문이다.

젠더 연구 중 본질주의essentialist 학파는 젠더 차이가 남녀의 생물학적 기질에 있는 선천적 차이에서 비롯한다고 주장한다. 생물학적 본질주의 관점은 남자와 여자가 서로 다른 육체성만 가진 것이 아니라, 남녀의 특정한 사회적 역할에 영향을 주는 분명히 다른 염색체와 호르몬의 차이가 있다고 본다. 다시 말해, 남성성과 여성성의 '본질'이 있다는 것이다.

본질주의 학파는 여자가 본능적으로 타인을 돌보고 감정에 적절히
대응하는 반면, 남자는 타고나기를 더 능숙한 부양자이자
보호자라고 주장했다.

이러한 관점을 주장하는 사람 중에서 레너드 색스Leonard Saxe(1947~,*의사이자 심리학자) 같은
이론가들은 성적 이형성sexual dimorphism을 절대 전제로 두고 연구한다. 본질주의자에게 남녀간
모든 행동 차이는 생물학에서 온 것이며, 동물 세계에서 발견되는 것과 똑같은 특질을 보여준다.
제러미 셔파스Jeremy Cherfas(1951~) 같은 사회생물학자sociobiologist들도 이런 식으로 수많은 가설을
제시한다. 예를 들면 남자는 무한한 정자를 가졌기 때문에 난잡한 성행위를 하는 경향이 있고, 여자는
제한된 수의 난자가 주어지기 때문에 유전자를 전달할 기회가 적다. 따라서 배우자를 조심스럽게
선택해야 하므로 일부일처제 경향이 크다고 가정한다. 게다가 번식의 위험과 부담은 여자 몫이다.
9개월의 임신기간과 어쩌면 목숨을 잃을 수도 있는 출산 그리고 논쟁의 여지가 많은 자녀양육의
타격까지 포함해서 말이다. 셔파스는 2008년에 이렇게 썼다. "남자는 값싸게 쓰고 버리는
정자가 많아서 문란하리라 예측할 수 있다. 또한 짝짓기 비용이 거의 들지 않아서 가능한 한
어디서든 많은 성적 기회를 추구한다."

A 미국의 미인 선발대회인 '미스
   아메리카'. 1921년에 창립되어
   오늘날까지도 이어지고 있다.
   원래는 외모만으로 참가자를
   평가했지만, 후에 재능과 인터뷰
   부분이 추가되었다. 우승자가
   왕관을 쓴 뒤 젊은 미인대회
   참가자들 무리가 이브닝드레스를
   입고 찍은 사진이다.

B 1933년 설립된 캘리포니아
   주 산타 바바라의 머슬 비치.
   육체적 힘의 공공연한 과시는
   엇갈린 반응을 불러일으켰다.
   '미스터 아메리카' 중 몇몇은
   1950~60년대에 이 해변 지역
   역기 선수 모임에서 훈련을
   받았다.

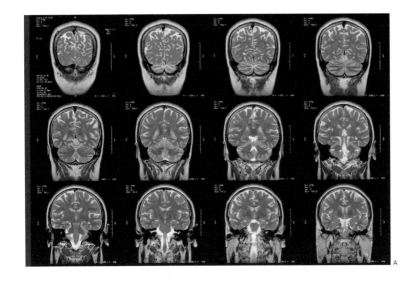

본질주의 이론은 생물학이 성적 행동의 차이에도 영향을 주지만, 여자와 남자가 관계에 접근하는 심리에도 영향을 준다고 가정한다. 2009년 사회생물학자 도널드 사이몬스Donald Symons(1942~)는 이러한 심리 접근방식을 반영한 주장을 했다. "대부분의 동물종과 마찬가지로, 인간 여자는 각자의 자식을 생산하고 생존하게 하는 데 상대적으로 많은 투자를 하지만, 남자는 상대적으로 적은 투자를 하고 도망갈 수 있다." 그래서 동물들이 그러하듯 여자는 남자와는 좀 다른 방식으로 섹스와 번식에 접근할 것이다. 사이몬스는 섹스와 관계에 대한 남자와 여자의 접근법이라 불릴만한 규범적 설명도 제시했다. "여자는 잘못된 선택을 했을 때 그 결과로 더 큰 위험에 처하게 되므로 더욱 까다롭고 많이 망설여야 한다. 남자는 위험이 적기 때문에 상대를 고르는 기준이 낮고, 공격성이나 다양한 성향의 파트너에 대한 기호는 더 강해야 한다." 여기서 우리는 생물학이 그 대상이 무엇인지를 정의할 뿐만 아니라, 무엇이어야 하는지도 설명하고 있다는 사실에 주목해야 한다.

> 본질주의 이론에서는 젠더화된 신체 특성과 남녀 젠더에
> 특정적인 행동 사이의 관계가 남녀 호르몬과 신경학의
> 차이에 기초한다고 보는 경우가 많다. 하지만,
> 모든 과학자가 이에 동의하는 건 아니다.

A/B 건강한 남자 뇌(위편)와 건강한 여자 뇌(오른편)의 단편을 보여주는 MRI 스캔. 이 남자의 뇌에서 대뇌는 붉은 색, 소뇌는 푸른 색, 뇌간은 녹색, 목 조직은 갈색으로 나타난다. 여자의 뇌에서 대뇌는 노란색과 붉은 색, 소뇌는 분홍색, 목 조직은 푸른색으로 나타난다. 남녀의 뇌 차이는 서로 다른 특징과 행동을 설명할 수도 있지만, 이런 차이가 불러오는 정확한 작용에 관해서는 의견이 분분하다.

심리학자이자 신경과학 작가 코델리아 파인Cordelia Fine은
《테스토스테론 렉스: 남성성 신화의 종말》(2017)에서
호르몬 차이를 활용한 생물학적 접근법에 이의를 제기했다.

파인은 '테스토스테론 왕'이라는 지배적인 이야기에 여자와 남자 사이의 "기본적이고
근원적인 차이"가 표현된다고 주장했다. '테스토스테론 왕'이란 여러 주요 사회
구조를 담당하는 것이 테스토스테론이라는 생각이다. 다시 말해, 이는 "섹스와 사회에
관해 익숙하고, 그럴 듯하며, 여기저기에 스며있는 강력한" 이야기다. "그것은 진화,
두뇌, 호르몬, 행동과 관련해서 서로 연결된 주장을 하나로 엮어 우리 사회에 있는
끈질기면서도 해결하기 어려워 보이는 성적 불평등에 대해 매혹적으로 설명한다."
파인은 "테스토스테론 왕이 천하무적처럼 보이는" 동안, 진화이론은 사실
"성적으로 자연스러운 질서"를 발견했다고 주장한다. 그녀는 설득력 있는 과학적
근거로 다음의 생각을 입증한다. 호르몬과 두뇌 기능에 성차가 있는 것은 분명하지만,
성차는 행동의 차이를 강화하기보다는 행동의 차이에 균형을 잡아주는 것으로 사실
이해된다. 행동의 차이는 번식상 다른 역할을 하는 신체적 특징에서 온다.

그렇기 때문에 남녀 신체 차이 중 일부는
두 성을 나누는 작용을 하지만, 또 다른 일부는
남녀 행동을 더 유사하게 만든다.

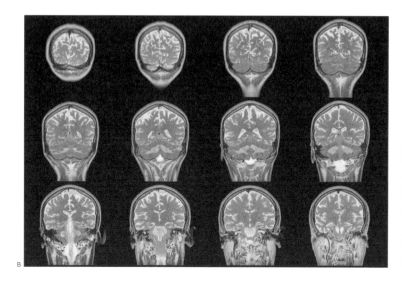

B

진화생물학evolutionary biology과 진화심리학evolutionary psychology 연구 중 일부는 젠더 이형성에 관한 본질주의 이론을 지지한다.

인간 남자와 여자, 동물 수컷과 암컷의 행동 사이의 연결 관계를 조사할 수도 있다. 그런 관계들은 인류의 역사만큼이나 오랜 시간 진화해왔다. 동물 연구에서는 수컷이 자연스럽게 보호자나 부양자가 되고, 암컷은 양육자가 되는 경향이 있다는 주장이 있다. 그러나 이런 모델에 맞지 않는 동물의 사례도 많다. 가장 많이 알려진 예는 황제펭귄이다. 암컷 황제펭귄은 알을 하나 낳자마자 두 달간 먹이를 찾아 바다로 떠난다. 암컷이 새끼에게 줄 먹이를 갖고 돌아올 동안 알을 지키는 일은 수컷 펭귄이 맡는다. 수컷은 발과 주머니 사이에서 균형을 잡아가면서 알을 따뜻하게 지킨다. 수컷 레아(크고 날지 못하는 조류의 한 종)는 부화할 때까지 6주간 암컷의 알을 품는다. '싱글 대디'라는 별명으로 불리는 수컷 레아는 새끼가 태어난 후 처음 6개월간 혼자서 새끼의 양육을 책임진다. 몇몇 수컷 영장류 또한 동물들의 성 역할에 관한 고정관념을 깨뜨린다. 예를 들어, 수컷 마모셋은 일부 쥐 종류 수컷이 그러하듯 새끼가 태어나는 순간부터 새끼를 돌본다. 또한 바다 생물 중에는 '비관습적인' 수컷의 번식 행위에 관한 무수히 많은 사례가 있다. 해마의 경우 암컷이 알을 낳으면 수컷이 주머니에 저장하는데, 새끼가 태어날 때까지 그 주머니에 45일 동안 알을 품는다.

동물 세계에 나타나는 친족 행위와 번식 행위kin and reproductive practices의 이러한 다양한 사례들은, 자연스러운 섹스와 젠더 차이를 차이를 주장하는 진화심리학의 핵심 원리에 이의를 제기한다.

A

A 알을 품고 둥지를 튼 수컷 에뮤. 이 종은 수컷이 새끼를 품고 기르는 책임을 맡는다.
B 새끼를 돌보는 수컷 황제펭귄. 암컷은 알을 낳은 다음, 먹이를 찾아 바다로 떠나 겨울을 보낸다. 그 동안 수컷이 알을 부화하고, 새끼를 돌본다.
C 짝짓기 동안 수컷의 꼬리에 있는 주머니에 알을 보관하는 암컷 해마. 알이 부화할 때까지 수컷이 알을 품고 다닌다.

B

C

진화생물학 자연의 진화 과정을 연구하는 학문. 자연 선택, 공통 혈통 그리고 생명의 형태가 오랜 시간 다변화되면서 적응을 해온 방식 등을 탐구한다.

진화심리학 인간 행동의 일부나 전체가 신체 특성처럼 심리 적응에 기초한다는 주장. 이러한 심리 적응은 인간이 진화하면서 환경의 압력에 대한 반응으로 발전했다.

친족 행위와 번식 행위 각각 유기체가 자기 친척들과 소통하는 방식과 번식하는 방식. 두 행위 집합은 종에 따라 매우 다를 수 있다.

인간 세계에서도 남자가 자녀양육의 일부나 전부에 참여하고, 여자가 경제 주체 역할을 맡는 일이 점차 많아지고 있다.

성적 이형성은 이론으로는 친밀한 관계를 맺고 성생활을 하는 다른 현대적 방식을 설명하지 못한다. '자발적으로 자녀를 갖지 않는' 혹은 '자녀가 없는'과 같은 용어는 21세기에 자녀를 갖지 않기로 결정한 수많은 남녀를 설명하기 위해 만들어졌다. 미국 인구조사국의 '현재 인구 조사'(2014) 중 가장 최근 통계를 보면, 15~44세의 여성들 중 거의 절반가량이 아이를 낳지 않는다. 이는 미국정부가 출생에 관한 인구통계학 추적을 시작한 이래 가장 높은 수치다.

A 1955년 골든 드림즈 핀업 걸 캘린더에 나체로 포즈를
취하고 있는 미국 여배우 마릴린 먼로. 원판은 1949년
사진사 톰 캘리가 촬영한 것으로, 당시 돈이 절실했던
먼로는 50불을 받고 이 사진을 찍었다.
B 1999년 라일스톤과 디스트릭트 여성협회 회원들이
자선 캘린더를 위해 나선 모델들. 영화 〈캘린더 걸〉
(2003)이 이들에 관해 이야기하면서 세계적으로
유명해졌다. 기존 멤버에 새 멤버가 합류하면서
'일곱 명'으로 이름을 바꾸었다.

섹스와 번식의 분리는, 섹스가 타고난
보편적 행위라는 분석에 이의를 제기한다.

난잡한 성행위나 일부일처제처럼 성적 행위에도
젠더에 따른 본질이 있다는 사회생물학 이론도
현재의 연구결과를 고려해보면 마찬가지로 의심스럽다.

최근, 건강과 미용 제품 회사 수퍼드럭이 영국과 유럽에 있는 2천 명의 남녀에게 성적
생활양식에 대해 설문 조사를 했다. 보고된 여자의 성 파트너 수(14명)는 남자(15명)와 거의 비슷했다.
또한 여자도 남자만큼이나 혼외관계를 가지는 경향이 있었다. 따라서 성에 대한 연구는 자연스레
문란한 성을 즐기는 남자와 일부일처제를 따르는 여자라는 이분법의 신화를 뒤집는다.

역사가 케빈 레일리Kevin Reilly는 고고학 증거를 보면 신석기 시대 이전의 수렵·채집 부족 같은 고대 사회가 종종 성별 노동 분업을 했음을 알 수 있다고 《인간의 여정》 (2012)에 썼다. "대부분의 경우 남자들이 소규모 집단으로 수렵을 하고, 그동안 여자들은 집 가까이에서 아이들과 함께 식물이나 작은 동물을 채집했다"는 것이다.

진화심리학에 기초한 일반 접근법 중 하나는 현대 사회의 성 역할도 똑같이 '자연적으로 규정된' 패턴을 따르는 것으로 생각한다. 즉, 여자가 먹을 것을 찾고 아이를 돌보는 동안 남자는 사냥을 하는 방식 말이다.

인간은 자기에게 주어진 역할을 하기에 최적화된 특성을 진화시켜왔기 때문에, 여성과 남성도 자기가 할당받은 역할에 최적화되어 있다고도 주장한다. 예를 들면 보통은 남자가 여자보다 상체 힘이 강하고 공격성과 위험 감수 성향을 올리는 테스토스테론 수치가 높기 때문에 남자가 사냥에 더욱 적합하게 만들어졌다고 생각한다.

B

Baker's half dozen . . .

A

인류학자 스티븐 L. 쿤과 메리 C. 스티너는 《어머니는 무엇을 해야 하는가?》(2006)라는
논문에서, 구석기 시대의 노동 분화로 호모사피엔스가 네안데르탈인보다 유리한
입장에 서게 되었다는 가설을 제기했다. 호모 사피엔스가 식량을 확장하고 협력을
통해 효율성을 높였기 때문이다. 그러나 그들은 "(…) 젠더에 따라 생업 노동을 나누는
보편적 경향이 두 성의 타고난 신체 차이나 심리 차이의 결과만은 아니다. 그중
상당수는 학습이 되어야만 한다"고 강조한다.

> 지금도 행해지는 수렵·채집 사회에 대한 인류학 연구에서
> 주목할 만한 사실은, 이러한 공동체에서 여자들이
> 남자들과 똑같이 사냥을 했다는 주장이다.

필리핀의 아에타 부족 사람들도 이러한 수렵·채집 사회 중 하나다. 나미비아의
주혼지Ju/'hoansi, 호주의 마투Matu 수렵·채집 공동체에서 여자 부족민은 유능한 수렵자다.

B

인류학자 리차드 보세이 리Richard Borshay Lee와 어빈 드보어Irven DeVore는 《남자 수렵자》(1968)에서 평등주의야 말로 유목적인 수렵과 채집 사회의 두드러진 특징이라고 주장했다. 이런 생활양식에서는 집단 구성원들이 이동을 해야 하고, 소유물은 집단이 배분해야 하므로 한 개인이 잉여물을 축적할 수 없다. 2015년 심층 연구에서 인류학자 마크 다이블Mark Dyble은 성적 평등이 초기 인간 사회에서 진화상 강점이었다고 주장한다. 성적 평등은 폭넓은 사회 네트워크를 발전시켰기 때문이다. 다이블의 주장에 따르면, 공동체가 고정된 장소에 정착하고 자원을 축적하게 되자, 농경의 발전에 따른 성적 불평등이 처음 나타났다. 인간 역사상 이 시점에 이르러 남자가 (아내와 자녀를 포함한) 자원을 모으고, 남자 친족과 동맹을 형성하는 데 유리해지기 시작했다고 그는 말한다.

A 그날의 낚시를 위해 숲으로 가는 중앙아프리카 공화국의 아카 부족 여자들. 아카 부족의 남자들은 평등한 자녀양육을 하면서, 자기 시간의 47퍼센트를 자녀와 손닿는 가까운 거리에서 보낸다.

B 필리핀 루존 섬의 산악지역에 사는 원주민, 아에타 부족민들. 한 연구에 따르면, 여자가 남자보다 더 높은 사냥 성공률을 보인다고 한다.

다이블의 해석은 남녀의 서로 다른 사회적 역할이 사회 요소의 변화에서 왔다는 주장 중 하나다. 생물학적 진화 때문이 아니라는 것이다. 이 이론은 2장에서 다룰 것이다.

남녀의 생물학적 특성이 젠더로 나뉜 행동과 사회적 역할에 영향을 주었는지 아닌지는 인류 역사에서 상당히 오랜 기간 제대로 이해되지 못했다.

성 역사가 토마스 라쾨르Thomas Laqueur(1945~)는 이러한 토대가 18세기 계몽주의 시대Enlightenment 유럽에서 인간의 성과 섹슈얼리티에 대한 근대적 이해에 바탕이 되었다고 주장한다. 그 시대에는 섹스와 젠더의 차이를 설명하는 지배적인 근거로 과학이 종교의 자리를 대체했다.

A

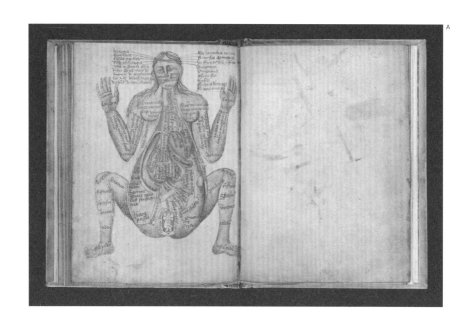

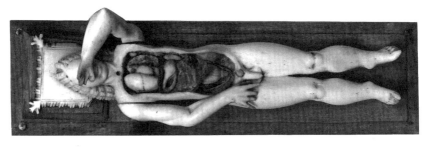

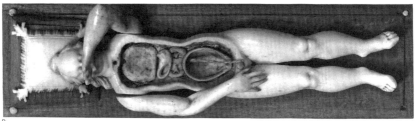

B

라퀴르는 이런 변화를 18세기 후반 서구 유럽사회에서 '하나의 성one-sex'
에서 '두 개의 성two-sex' 모델로의 변화로 해석한다. 라퀴르는 최소한 고대
그리스까지 거슬러 올라가는 전통적 통념에서는 여자와 남자가 '하나의 성'
을 재현했다고 주장한다. 남자와 여자의 특징은 한 유형의 인간 몸 안에 있는
변형이었고, 남자 생식기는 몸 외부에 있고, 여자 생식기는 해부학의 거울
이미지처럼 내부에 있었다.

계몽주의 시대 17세기 후반~19세기
초반에 해당하는 역사적 시기. 이 시기 동안
유럽의 과학, 철학, 정치는 급격한 변화를
겪었다. 동시에 종교나 전통보다 과학, 이성,
개인주의를 강조했다.

A 15세기 영국 의학 논문 《아나토미아》에
   실린 '임신한 여자'. 사이비 갈레노스
   학파가 쓴 것으로 여겨진다.
B 상아로 만들어진 남자와 여자의 해부학적
   모형(1701~30). 장기가 아주 자세히
   묘사되지 않아서 의학 교육에는 사용하지
   않았다.

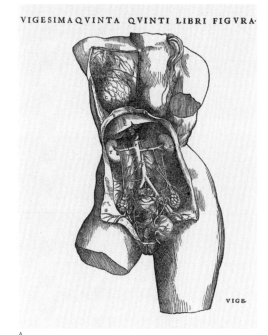

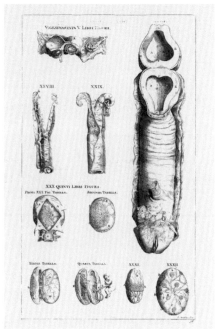

VIGESIMAQVINTA QVINTI LIBRI FIGVRA·

VIGE.

A

A 안드레아스 베살리우스는 근대 해부학의
  선구자였다. 이 그림은 그의 가장 유명한
  〈인간 신체의 기본 구조에 관해〉(1543)로,
  여자의 해부구조(왼쪽)와 뒤집힌 음경을 닮은
  질관(오른쪽)을 묘사하고 있다.
B 남자 해골(왼쪽)은 말과, 여자 해골(오른쪽)은
  타조와 함께있다. 존 바클리가 쓴《인간 몸의
  뼈 구조》에 실린 것으로, 에드워드 미첼의 판화
  시리즈에서 가져왔다.

젠더 이분법 젠더를 두 개의 범주, 즉 남자와
여자로 분류하는 체계. 분명히 구분되고, 서로
반대되는 것이 되려면 이런 범주가 필요하다. 이
체계는 때로 젠더의 생물학적, 사회적 양상을
융합한다.

로마 제국 시대에 살았던 그리스의 의사 갈레노스나 16세기 플랑드르
해부학자 안드레아스 베살리우스 같은 학자들의 연구가 기존 통념을 옹호해
주었다. 여자의 몸이 남자의 몸보다 열등하거나 불완전한 판형을 나타낸다는
통념 말이다. 베살리우스는 실제 인간의 몸을 발견하기 위해서는 해부를
사용할 필요가 있다는 운동을 하는 데 있어 초반에 영향을 준 인물이었다.

베살리우스 시대에서 18세기 계몽주의 시대에 이르기까지, 인간의 성을 조망하는 방식에는 뚜렷한 변화가 있었다. 해부와 같은 실습을 통해 남자와 여자의 신체 차이를 드러냈다. 과학 역사가 론다 쉬빙어Londa Schiebinger(1952~)는 《벽장 속의 해골》(1986)에서 "1750년대부터 프랑스와 독일의 의사는 성차에 관한 더 정밀한 도해가 필요했다. 모든 뼈와 근육과 신경 및 정맥의 성차를 발견하고 묘사하고 규정하는 것이 해부학 학문에서 연구 1순위가 되었다"고 썼다. 젠더 이분법gender binary 모델은 여자의 몸이 불완전하고 역전된 남자의 몸 형태라기보다는, 남녀의 몸이 더 철저히 다르다고 강조했다.

바로 이것이 양성 모델이 등장한 이유라고 라쾨르는 말한다. 라쾨르와 쉬빙어 모두 계몽주의 시대 서유럽 의료 문헌에서 인간 해골을 묘사할 때 달라진 부분을 예로 든다. 계몽주의 이전에는 의료 삽화에 나오는 인간 해골에 대한 묘사가 단성 모델이 주장하는 바와 같이 오로지 한 개였고, 그것은 남자의 해골이었다.

차이를 강조하는 사상이 지배하면서 하나의
인간 해골에 대한 묘사는 두 개의 완전히 다른 해골 모형
즉, 여자와 남자의 해골로 바뀌었다.

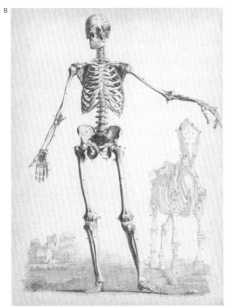
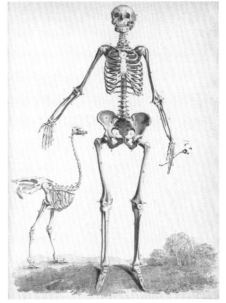

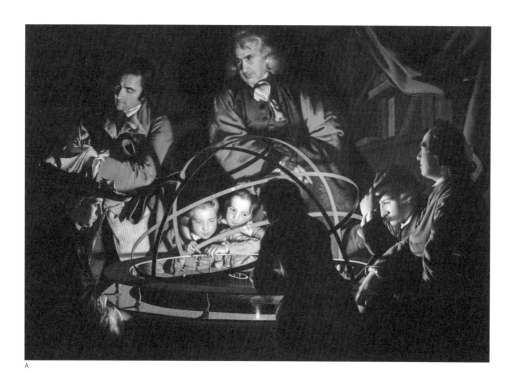

A

남녀 차이에 대한 연구가 중심이 되면서, 과학자들은 여자와 남자를 만든 '근원'을 규명하고자 했다. 계몽주의 시대에 과학, 철학, 정치 담론은 모든 인간에 해당되는 개인의 자유와 평등을 옹호한다는 것을 강조했다. 그렇지만 여성도 이런 평등의 요구에 포함되어야 하는지에 관해서는 의견이 엇갈렸다. 몽테스키외는 《페르시아의 편지》(1721)에서 "남자들 사이에서는 여자에게 자유를 빼앗는 편이 자유를 주는 것보다 더 이점이 있는지 알아내는 게 중요한 문제요. 내가 보기에 이 문제에 대해서는 찬성하고 반대할 많은 이유가 있는 것 같소"라는 의견을 피력한 바 있다. 몽테스키외는 '자연법이 여자를 남자에게 복종하게 만드는 것인지'에 대해 문제를 제기했다.

이 시기는 정치 철학과 윤리학에서 개인의 인권을 중시하던 때였다. 그러한 때 과학이 남녀 차이를 강조했다는 사실은 어쩌면 사회에서 여자의 종속된 역할을 정당화하려던 사람들에게 유리했을 것이다. 여자 해골이 남자보다 일반적으로 크기가 작다는 사실은 그에 따라 여자가 더 작은 뇌를 가졌다는 지표가 되었고, 분명 이 사실은 19세기 동안 여자가 남자보다 합리적 사고를 할 능력이 떨어진다는 주장으로 활용되었다.

A 조셉 라이트 더비의 유화(1766년경). 무제이긴
   하지만 〈램프를 태양의 위치에 두고 태양계에
   대해 강의하는 철학자〉 혹은 더 간단히 줄여
   〈태양계〉로 알려져 있다. 이 그림은 풍속화를 닮은
   것처럼 보이지만, 그림의 과학적 주제는 전통과의
   단절이었다. 계몽시대에 과학과 합리성은 주로
   남성성과 연결되었다.
B 마거리트 제라드의 〈첫 단계 혹은 양육하는
   어머니〉(1803~04년경). 제라드는 모성과
   모성성을 주제로 그림을 그렸다. 역사적으로
   양육은 여자의 일이었다.

B

과거에 남자와 여자의 사회적 역할이 사회와 종교의 틀에서
서로 달랐듯이, 양성 모델이 발달하면서 남녀의 역할도 과학적
사고 안에서 분명히 구분된 것 같다고 라쾨르는 말했다.

과학이 젠더에 대한 사고를
이분법적인 것으로 발전시키자,
생물학을 활용해 남자를 합리성 및
문화와 관련시키고, 여자는 감정 및
자연과 연관짓는 것이 정당화되었다.

A

B

18세기 담론에서는 여성의 몸이 본성적으로 모성 및 양육과 관련된 역할을 하는 것으로 규정되었다. 젠더 해석이 변하자 그 해석은 사회에 큰 반향을 일으켰고, 종교·문화·철학 신념같은 기존 관념을 입증할 과학적 근거가 되었다. 장 자크 루소Jean Jacques Rousseau(1712~78)와 같은 영향력 있는 철학자들은 남자가 공적인 역할에 더 적합하고, 여자는 사적인 영역과 관련되어 자연스레 더 종속적인 역할을 맡는다고 주장했다. 계몽시대에 공적 역할은 높은 지위를 가져다 주었기 때문에, 성별화된 몸에 대한 해석이 달라지면서 남자는 사회에서 더 큰 권력을 얻었다.

그러나 우리가 주목해야 할 것은 이 시기에도 여자를 공적인 삶에서 배제하는 것에 이의를 제기한 여성들이 있었다는 사실이다. 예컨대 많은 상류층과 중산층 여성들이 남자들과 나란히 문학과 정치학, 철학을 논하며 지적인 살롱에 참여했다. 또한 계몽주의 시대에는 여성 작가들, 특히 여성 소설가들이 등장하기 시작했다. 1792년 메리 울스턴크래프트Mary Wollstonecraft(1759~97년)가《여성의 권리 옹호》를 저술했다. 이 책에서 그녀는 여성의 교육에 반대하는 주장을 펼쳤던 남성 이론가들을 비판했다. 그렇지만 여전히 많은 여자들, 특히 노동계급 여자들에게 젠더 차이에 대한 당대의 지배적 해석은 여성을 가정의 영역에 제한시켰다.

이러한 권력의 불균형을 깨기는 어려웠다.

양성 모델이 여자와 남자의 생물학적 차이를 강조하는 경향은 오늘날에도
젠더에 대한 많은 해석에서 눈에 띈다. 양성 모델의 차이들은 자연적 현상으로
강조되거나, 자연적 현상과 연결된다. 그러나 전통적 생물학 관점의 또 다른
중대한 결점은 이 관점으로는 생물학적 성이 남녀의 범주 사이에 있거나,
그 바깥에 있는 사람들은 설명할 수 없다는 것이다.

생물학자 앤 파우스토 스털링의 연구는 젠더와 생물학을 이론화하는 기존 방식과 철저히 분리되어
있다. 스털링은 두 개의 생물학적 성이 존재한다는 젠더 이분법적 해석이 심각한 문제라고 주장한다.
그녀는《몸을 성별화하기》(2000)에서 젠더 이분법적 해석은 현대 사회에서 진리로 해석되었던
생물학에 대한 부정확한 이해라고 주장했다. 사실, "완전한 남성성과 완전한 여성성이란 가능한 인간
몸 유형의 스펙트럼 중에서 양 극단에 해당된다"는 것이다. 이런 양극단의 남성과 여성 사이에는
수많은 변형물이 존재한다. 생물학적인 섹스는 하나의 스펙트럼처럼 구성되며, 그중 대다수 사람들은
'남자' 혹은 '여자'로 묶일 수 있지만, 소수의 사람들은 남자와 여자 사이에 펼쳐져 있다. 이들은
소수지만 여전히 중요하다. 젠더상의 염색체 변형은 다양하며 XX나 XY와는 매우 다르다. 예를 들어,
인터섹스의 상황도 서로 많이 다르고, 따라서 섹스와 젠더의 변형체 안에서도 다양성이 나타난다.

A 장 로랑 모니에 이후에 토마스
   스튜어트가 그린 〈에온의
   기사 초상〉(1792). 이 기사는
   1762~77년까지 남자로 살았고,
   1786~1810년까지는 여자로
   살았다. 이 그림에서는 검은색 펜싱
   드레스를 입고 있다.
B 1797년경 존 오피가 그린 〈메리
   울스턴크래프트〉. 소박한 옷을 입고
   단순한 헤어스타일을 하고 있다.
   이 작품은 옷이 사람에게 '장식이
   되어야지, 적이 되어서는 안 된다'는
   울스턴크래프트의 관점을 반영하고
   있다.
C 1773년 해리스의《코벤트 가든 여성
   리스트》의 판본. 고객들을 위해
   제작된 이 출판물은 조지 왕조 시대,
   매년 발행되던 성매매 여성에 관한
   안내 책자였다.

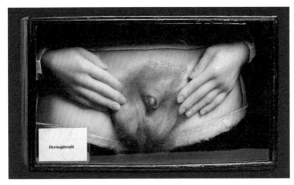

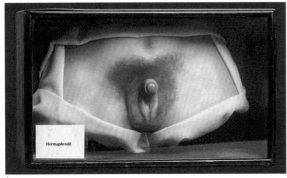

A

스털링은 농담처럼 양성 모델이 아니라, 다섯 개의 성 모델을 주장한다. 여기에는 남자와 여자 그리고 멈(*mermaphrodite의 약자로 양성인간 중 남성 성기만 기능하는 사람), 펌(*fermaphrodite의 약자로 양성인간 중 여성 성기만 기능하는 사람), 험(hermaphrodite의 약자로 양성인간)이 있다.

인터섹스intersex에 관한 저작을 보면 젠더 발달 양태는 양성 모델이 인정하는 것보다 훨씬 더 다양하다는 것을 알 수 있다. 전통적으로 이런 아이들이 태어나면 의사들이 조언을 해서 외과 '교정' 수술을 통해 남자나 여자 중 하나로만 살 수 있게 해왔기 때문에 인터섹스로 태어나는 아기의 수를 확인하기는 어렵다.

'평등을 지향하는 인터섹스 운동'이라는 단체는 '지금껏 가장 철저한 연구the most thorough existing research'로 보면 인터섹스인 사람들이 인구의 1.7~2퍼센트 가량을 차지한다고 추정된다고 주장한다. 이는 붉은색 머리카락을 가지고 태어나는 사람의 확률(1~2퍼센트)과 같다.

인터섹스 상황을 둘러싼 오명이 너무 컸기 때문에 때로 아이들은 자신이 인터섹스 교정 수술을 받았다는 사실조차 알지 못했다. 최근 몇 년 간 온라인으로 인터섹스 커뮤니티가 생기면서, 아기에게 행해지는 외과적 개입에 반대하는 행동주의가 특히 북미 대륙에서 증가하고 있다. 활동가들은 이런 수술이 비윤리적이라고 주장한다. 이 수술은 아동의 동의 없이 진행되며, 미래에 심각한 의료 문제와 정신 문제들을 야기할 수도 있다.

인터섹스 변형체거나 트랜스젠더transgender인 사람들도 있지만 (2,3장 참고), 젠더 정체성이 생물학적 성과 호응한다고 볼 수 있다. 많은 사람들이 젠더와 섹스의 일치를 경험하며, 이것은 보통 시스젠더cisgender로 알려져 있다. 섹스와 젠더가 호응한다고 전제하는 이분법적 생물학 방식이 여전히 많은 과학 연구와 사회 생물학에서 통용된다.

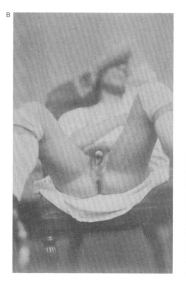
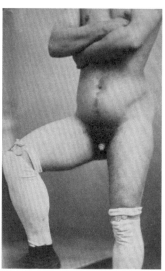

A 1873년 베를린에 있는 캐스톤의 판옵티콘에서 전시된 성기의 밀랍 모형. 나란히 있는 두 모형은 서로 다른 성병의 결과를 보여준다. 오늘날 인터섹스 상황을 질병으로 볼 것인가에 대해서는 논란이 있다.
B 1860년 나다가 찍은 아홉 개 사진 연작물 중 두 개로, 인터섹스를 보여준다. 이 사진은 출판되지는 않았으나, 과학 연구나 교육에 이용되었다.

A   B

이분법적 생물학의 접근법에 찬성하는 사람들은 젠더 행동과 젠더 경험 혹은 젠더의
사회적 역할에 나타난 차이를 설명하기 위해 뇌 구조, 호르몬 수치의 차이 같은 생물학
논증을 활용한다. 이런 차이가 타고나는 것이며 뇌 스캔 사진에서 뚜렷이 보인다는 이론은,
존 그레이의《화성에서 온 남자, 금성에서 온 여자》와 같은 베스트셀러를 통해 폭넓은
인기를 얻었다. 이를 테면 그레이는 남자의 자연스러운 공간 기술의 우월성은 남자가
주차를 하거나 지도를 읽는 능력이 더 큰 반면, 여자는 감정적이거나 언어적인 지성과
관련될 때 여자의 기술이 더 뛰어나다고 주장한다.

그레이뿐 아니라 위시한 다른 많은 이론가들도 이 뚜렷한
능력은 뇌 속에 '타고나는' 것이어서 남녀가 자연스럽게 택한
젠더 역할에 반영된다고 말한다.

그럼에도 일부 과학자들은 차별화에 초점을 맞추는
젠더 모델에 대해 점점 더 의문을 제기한다. 이들은
오히려 여자와 남자의 유사성을 지적한다.

특히 많은 과학자들이 '뉴로섹시즘'이라는 용어를 거부하며,
남녀가 신경학적으로 다르다는 생각에 문제를 제기한다.

코델리아 파인은 《젠더의 착각》(2010)에서 남녀 모두의 뇌가
"신축적이고 유연하고 변화가능하다"고 주장한다. 의학교수 리사 엘리엇도
남녀가 다르게 '만들어진다'는 관념에 반박한다. 2010년에는 "타고난 뇌로
설명할 수 있는 것은 거의 아무것도 없다. 모든 기술, 속성 그리고 인격의 특질은
경험으로 형성된다"고 주장했다. 이 모델에서 인간의 생리학은 인간 행동의
원인이면서, '동시에' 인간 행동의 영향을 받기도 한다. 말하자면 우리가
경험하는 것은 우리 뇌와 '연결되어' 있어서, 우리가 어떻게 그 일을 경험하는지
뇌에 피드백을 해준다.

A   프랑스의 작가이자 배우인 콜레트. 그녀는
    남장한 벨베프 후작부인을 포함하여,
    남자 및 여자와 모두 관계를 가졌고, 여성
    섹슈얼리티와 젠더 역할에 대해 글을 썼다.
B   영국 소설가이자 시인인 래드클리프 홀. 종종
    남성적인 옷 차려입고 친구들에게는
    '존'으로 알려져 있었다.

C   영국의 모델이자 배우이며 작가인 퀜틴
    크리스프. 여성적인 외모와 행동으로
    유명했는데, 1930~40년대에 런던에서
    '커밍아웃'한 소수의 게이 남자 중 한 명이었다.
D   미국 팝 아트 화가 앤디 워홀의 자화상.
    그는 젠더, 섹슈얼리티, 욕망이라는 주제를
    탐구했다.

A

양육 보살핌에 대한 타인의 욕구를 충족시키면서 다른 사람에게 감정적이고 육체적인 보살핌을 제공하는 것. 인간과 많은 동물들에게 나타나는 사회적 행동으로서 종종 '여성적인' 것으로 분류되지만, 사실 모든 젠더의 사람들에게서 나타날 수 있다.

민속방법론 사람들이 자기가 사는 세계를 이해하는 방식 사람이 사는 환경을 만드는 방식을 연구하는 학문. 민속방법론은 사람을 합리적 행위자로 보며, 사회적 기능을 할 수 있도록 만들기 위해 실용주의 논리를 활용한다.

자녀양육에 관한 2012년 사리 밴 앤더스Sari van Anders의 연구도 눈여겨볼 만하다. 여자는 남자보다 테스토스테론 기준 수치가 낮은 경향이 있는데, 낮은 테스토스테론은 양육nurturance과 관련되어 있기 때문에 이 수치가 여자들을 남자보다 양육에 더 적합하게 만든다고 추론할 수 있다. 밴 앤더슨은 한 연구에서 세 집단의 남자들에게 프로그램의 모델 아기들을 돌보도록 했다. 한 집단은 (양육을 다른 사람에게 맡기는 '전통적인 남자' 역할을 하면서) 가만히 앉아 아기 우는 소리를 들으라고 했다. 다른 집단은 (양육 경험이 미숙한 사람을 흉내 내어) 아기와 상호소통은 하지만 무엇을 해도 아기가 울도록 프로그램했다. 마지막 집단에게는 아이와의 상호소통을 지시했는데 (양육에 더 숙련된 사람의 역할을 모방해서) 적합한 방식으로 평안을 얻으면 아기가 진정하도록 프로그램했다. 이들 세 집단의 테스토스테론 수치는 모두 기록했다. 첫 번째 두 집단에서 테스토스테론 수치는 상황이 전개되면서 올라갔지만 마지막 집단, 즉 양육을 가장한 집단에서의 테스토스테론 수치는 아기가 평안을 얻자 떨어졌다. 낮은 테스토스테론 수치는 양육과 관련될 수도 있다. 그렇지만 성공적인 양육으로도 낮은 테스토스테론 수치를 '만들어낼 수' 있다.

　　이런 원인과 결과의 순환작용은 젠더화된 행동의 생물학적 원인을 사회적이거나 경험적인 원인과 따로 구분하기 어렵게 만든다.

남자와 여자가 각각 남성적 특징과 여성적 특징을 둘 다
갖고 있다는 해석은, 1970년대부터 젠더 정체성에 관한
사회학 연구와 일부 심리학 연구에서 핵심이었다.

민속방법론ethnomethodology 분야는 젠더가 어쩌다가 사회적 상호작용과
일상 활동 속에 자리잡게 되었는지를 연구한다. 젠더는 하나의 보편
경험이라기보다는, '우리가 행하는 것'에 근거를 두고 있는 것으로 보인다. 캔디스
웨스트Candace West와 돈 H. 짐머만Don H. Zimmerman은 공동 논문《젠더 행하기》
(1987)에서 젠더가 어떻게 사회적 상호작용을 통해 수행되는지를 연구했다. 그들은
젠더가 "모든 영역에서 상호작용"한다고 주장했다. 젠더를 똑바로 수행하지 못하면
남자답지 못하다, 혹은 여자답지 못하다고 간주하는 사회적 오명을 안게 된다.
우리는 적절한 젠더 행동이 무엇인지에 대한 사회적 기대에 맞춰 젠더를 똑바로
'행할' 필요성이 있고, 아무리 우리가 모든 행동을 당연하게 받아들인다 해도 이
필요성이 우리의 모든 행동을 무겁게 짓누른다.

A 1970년대의 선크림
   광고. 여자의 몸을
   하나의 대상으로
   다루며, 무엇보다 외모가
   중요하다고 암시한다.
   광고주는 제품을 팔기
   위해 젠더화된 전형을
   자주 사용한다. 젠더를
   똑바로 수행하라는
   압박이 소비자에게
   강력한 동기로 작용하기
   때문이다.
B 자동차 잡지《맥스
   파워》의 광고. 남자를
   주인의 위치에,
   여자를 소유물의
   위치에 놓으면서
   여자와 자동차가 모두
   '액세서리'로 표현된다.

B

**Accessories to
be seen with**

Max Cars. Max Babes. Max Power Magazine.
On sale 15th of every month.

MAX

A

젠더 연구자이자 철학자인 주디스 버틀러Judith Butler(1956~)는
《젠더 트러블》(1990)에서 생물학적 섹스와 젠더를 한층 더 분리했다.
"구성된 젠더의 위상이 섹스와는 완전히 별개의 것이라고
이론화하면, 젠더는 그 자체로 자유롭게 떠도는 인공물이 된다.
그 결과 '남자'와 '남성적인 것'은 남자의 몸을 의미하는 만큼 쉽게
여자의 몸을 의미할 수도 있고, '여자'와 '여성적인 것'은 여자의 몸을
의미하는 만큼 쉽게 남자의 몸을 의미할 수도 있다."

버틀러의 주장은 남성적인 여자나 여성적인 남자를 설명하면서 우리가 경험하는 젠더를 더욱
폭넓게 이해할 수 있게 해줬다. 예컨대, 잭 할버스탬Jack Halberstam의 여자의 남성성에 관한 저서
(1999)는 여자의 몸이 있다고 해서 반드시 여성성의 표현이나 '여자'의 정체성으로 귀결될 필요는
없다고 주장했다. 또한 2007년 남자의 여성성에 대한 미미 쉬퍼스Mimi Schippers의 연구는 그 반대도
성립한다는 것을 보여준다. 태어날 때 남자로 규정되었다고 해서 반드시 전형적 남성성으로 간주되는
행동이나 표현으로 이어질 필요는 없다는 것이다.

B

이런 연구들은 젠더를
생물학적 차이로
축소해버리는 것에 대해
단호하게 문제를 제기한다.

A 1989년 《나의 동지》지에 실린 사진
   '크리스'. 드랙 퀸 린다 심슨이 찍은 것으로
   자신의 역사적인 사진 에세이 《드랙에게
   매일 밤은》에 실린 사진 중 하나다. 이
   사진 에세이는 1980년대 후반~1990년대
   중반까지 뉴욕의 드랙들을 기록하고 있다.
B 5,000개가 넘는 사진으로 구성된 같은 사진
   에세이에 실린 '조스 펍에서는 하면 안 되는
   금기'. 드랙은 남자의 몸이 여성적일 수
   없다거나, 여자의 몸이 남성적일 수 없다는
   가정에 이의를 제기한다.

생물학은 젠더의 총합을 분명하게 나타내지
못한다. 젠더화된 몸이 우리 행동에 얼마나
깊이 관여하는지에 대해서는 아직 결정된 것이
없으며, 모든 몸이 다 생물학적으로 남자 아니면
여자'인' 것도 아니다. 몸은 동시에 남자면서
여자일 수도 있고, 둘 다가 아닐 수도 있다.

2. 사회 구성물로서의 젠더

A

생물학이 젠더화된 경험과 행동에 얼마나 큰 영향을 미치는지에 대해서는 의견이 다양하다.

젠더에 대한 사회구성주의social constructionist 관점으로 보면, 젠더 역할이 어느 정도 우리가 사는 사회와 문화에 의해 만들어져 각 성에 고착된다고 주장한다. 다시 말해, 각 성에 대해 '정상'이거나 '이상적'이라 규정된 행동 패턴은 생물학과 진화로 완전히 결정되는 것이 아닌데도, 이런 규정된 행동에서 벗어나는 젠더 정체성과 젠더 표현은 '비정상'으로 간주된다.

이들 주장이 타당한지 확인하려면 젠더 역할이 다른 사회와 문화에서 역사적으로 어떻게 인지되었는지 살펴보고, 더불어 현재 젠더를 다루는 전 세계적인 경향도 함께 따져봐야 할 것이다.

A 현대에는 광고로 인해 영구적인 것으로, 고정되는 젠더화된 사회 압력이 곳곳에 존재한다. 프로틴월드의 이 체중 감량 제품 광고는 날씬한 여자들만 비키니를 입을 '준비'가 되었다고 말하면서, 여자들에게 몸에 대한 불안을 조장한다.

B 아이 돌보미를 위한 인쇄 광고물. 최근 많은 광고주들이 전통적 젠더 역할을 조롱하거나, 전복하기 시작했다. 2012년 태국의 광고 대행사 먼데이는 남자 아이 돌보미가 가슴에 두르고 있던 우유 자루를 이용해 아이에게 젖을 먹이는 모습을 연출했다.

조앤 왈라치 스콧Joan Wallach Scott(1941~), 쉐일라 로보담Sheila Rowbotham(1943~), 힐러리 웨인라이트Hilary Wainwright(1949~), 같은 역사가들은 생물학적 관점을 비판한다. 이들은 오랜 시간이 지나면서 젠더에 대한 이해 및 기대가 변해왔기 때문에, 역사적 시각을 통해 젠더에 접근한다면 더 복잡한 연구결과가 나타날 것이라고 주장한다.

최초의 인간 사회는 유목민의 수렵·채취 집단이었지만, 약 1만 년 전부터 일부 지역에서 **농경**agrarian 사회 모델이 등장하면서, 한 곳에 정착해서 식량을 재배하기 시작했다. 생산적인 농가에서는 일하는 사람보다 더 많은 사람들을 먹여 살릴 수 있어서 이런 사회에서 잉여 식량이 생겼다. 그러자 그중 일부는 차츰 직접 농사와 관련되지 않는 활동에도 종사할 수 있었다. 예컨대, 군사적 정복, 선진 기술 개발, 무역업 종사와 같은 일이었다.

사회구성주의 인간이 서로 상호작용과 공유하는 전제를 통해 적극적으로 사회 세계를 구성한다고 주장하는 관점. 사회구성주의는 사회 현실에 관한 인간의 이해가 자연이라는 외부의 '진리'에서 오는 게 아니라, 공동으로 만드는 것이라고 주장하는 사회학 이론이다.

농경 농경사회는 작물을 재배하고 큰 들판에서 가축을 기르면서 경제의 초점을 일차적으로 농경에 두었다. 18~19세기에 산업화가 일어날 때까지 인간의 발달 단계 중 수렵·채집 시기 이후에 존재했던 사회 대부분이 농경사회였다.

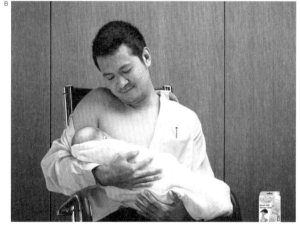

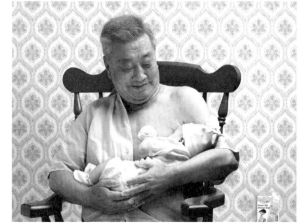

이런 사회에서는 토지를 소유하거나 지배하는 것이 부와 지위를 만드는 주된 요인이었다. 토지에 대한 이런 태도는 보통 소유권과 지배력으로 확대되었다. 노동이 아닌 재산이 사회적 지위의 근거가 되었고, 재산을 소유하거나 관리하는 것은 가족 집단 내 가장 지위가 높은 남자의 몫이었다.

초기 농경사회는 가족이나 공동체 단위에 기초를 두었다. 이 안에서 사람들은 식량을 생산하는데 각자 맡은 역할이 있었다. 일반적인 노동 분화로 보면 남자가 들판에서 일하고, 여자는 집안 관리를 맡아 음식을 준비하고, 옷을 만들며, 아이들과 가족들을 보살폈다. 이런 구분은 아마도 여성의 임신과 출산 기능과 보통은 여자보다 남자의 상체 근력이 강한 요소를 기반으로 이루어졌을 것이다. 산아 제한이 없어서 가임기 여성이 번번이 임신을 한다거나, 아이에게 젖을 물리느라 들판에 나가서 하는 일을 얼마간 덜했을 거라는 의미다.

농경사회가 고대 이집트, 그리스와 로마로 점점 발전하면서 초기 농경문화에서 비롯된 젠더 역할은 종교와 문화 규범 속에 고이 간직되었다. 그 규범을 만든 환경은 이미 변했는데 말이다.

A

A 이집트 말기 왕조의 부조. 여자들이 백합 진액을 만드는 장면을 묘사한다. 백합을 리넨에 넣어 압착하고 있다.
B 테베 서쪽 온수에 있는 무덤에서 출토된 새 이집트 왕국의 벽화 조각. 씨 뿌리고 추수하는 남자들을 묘사한다. 가운데 줄 왼쪽에 여자가 보인다.

B

앞서 말한 세 문명 모두 여자가 영향을 미치는 영역은 대부분 가정으로 간주된 반면, 남자의 영역은 공직으로 확대되었다. 한 가정의 가장은 가장 높은 지위에 있는 남자였다.

고대 그리스와 같은 일부 농경사회에서 남자가 가족의 자산을 소유하거나 관리하게 되자, 여자는 보리 1메딤노스medimnos(*약 27킬로그램에 해당)보다 비싼 물건은 사지 못하게 하거나, 아예 재산을 소유하지 못했다. 고대 그리스는 민주주의의 발생지로 알려져 있지만, 그리스 여자들은 투표권이 없었다, 그들은 늘 남성 후견인인 키리오스의 통제와 보호 아래 있어야 했다.

이러한 상황에서 여자는 남자에게 종속되었다. 동시에 여자는 음식과 보호와 생계를 위해, 재산을 소유한 남자에게 의존할 수밖에 없었다. 여자의 종속은 자연스러운 일이라고 생각했다. "두 성 가운데 남자는 천성적으로 우월하고 여자는 열등하기 때문에, 남자는 통치자이고 여자는 신하"라는 아리스토텔레스 Aristotle의 선언처럼 말이다.

농경사회에서 재산은 보통 다음 세대로 전해지면서, 혈통이 사람의 지위를 좌우했다. 여성의 섹슈얼리티 제한은 혈통을 감시하는 방법이었다. 여자에게 결혼 전 순결과 혼인 기간 중의 정조는 중요했다. 아이에게 부모를 모두 확실하게 밝히고, 사회적 지위와 상속권을 단단하게 만들기 위해서였다.

여자를 사적인 영역에, 남자를 공적인 영역에 할당한다는 점에서 근본적으로 유사성은 있지만, 이런 사회들 사이에도 흥미로운 차이가 있다. 예를 들어, 고대 이집트에서 여자는 법의 관점으로 볼 때 남자와 똑같은 권리와 책임이 있었다. 여자는 재산을 소유하고 상속할 수 있었고, 이혼을 제기할 수 있었으며, 계약에 참여하고, 유언장을 쓰고, 돈을 빌려줄 수도 있었다.

고대 그리스와 로마를
포함한 발전된
농경사회에서는 '일하지
않는 것'이 여자의 지위를
드러냈다.

일하지 않는다는 것은 여자의 남편과 아버지가 자원을 가졌다는
사실을 암시했고, 그것이 남편과 아버지 및 가족의 지위를 높였다.
그러나 실제로는 가장 높은 지위의 여성들이라도 하인이나
노예 같은 가솔들을 관리하는 '일'을 하게 되어 있었다.
가솔들이 가정을 유지하고, 자녀를 보살피는 데 꼭 필요한
육체노동을 했기 때문이다.

가난한 여자나 자신을 먹여 살릴 남자 후견인이 없는 여자는 노예처럼 생계를 위해 노동을 해야 했다. 창녀가 되는 것도 한 방법이었으며, 다른 대안으로는 소규모 농지에서 가족과 일을 하거나, 실잣기, 옷감 짜기, 옷 만들기 일을 하거나, 유모, 산파, 가정부나 세탁부 혹은 여사제로 일했다. 여사제 대부분은 종종 여자로 의인화된 신을 숭배하는 종파에서 일했다. 사회마다 두드러진 직업은 달랐지만, 모든 여자가 남자 가족 구성원의 부양을 받은 것은 아니었다. 결국 일부 여자들은 자신을 돌보기 위해, 가족 수입에 기여하기 위해 혹은 자신이 노예이기 때문에 집 밖에서 일을 해야 했다.

농경사회와 그 사회의 젠더에 대한 태도는 산업혁명기까지 이어졌다. 산업혁명은 유럽에서 18세기 말에 시작되어 19세기 내내 지속되었다. 그 이전에는 유럽 사람 대다수가 작은 시골 공동체에 살았다. 여자들은 가끔씩 실잣기 같은 꼭 필요한 가내수공업에 참여했다. 추수 때가 되면 여자, 남자, 아이들이 곡물을 수확하기 위해 함께 모여 노동을 했다. 도시 지역에서는 여자가 남자와 나란히 교역이나 공예 일을 했고, 직물을 만들고 가죽제품과 금속제품을 만들었다.

A

메이지 시대 일본이 고립된 중세 사회에서, 더 외향적인 근대적 면모로 변화를 꾀하기 시작했던 시기. 이런 변화는 천황의 통솔력을 중심으로 일어났고, 천황이 '복권'했다. 당시 실질적인 새로운 정치 지도자였던 도쿠가와 막부와 막부 정권이 무너졌기 때문이다.

A 4세기 시실리에 있는 카살레의 빌라 로마나에서 발굴된 로마 모자이크. 비키니를 입고 스포츠를 즐기는 여자들을 묘사하고 있다. 토가를 입은 여자가 우승자에게 왕관과 종려나무 잎을 주고 있다.

B 1542년경 멘도자 고문서Codex Mendoza. 7~10세의 아즈텍 소년소녀의 다양한 훈련 모습을 그리고 있다. (첫째 줄) 소년이 낚시, 소녀는 물레를 돌리는 법을 배우고 있다. (셋째 줄) 처벌이 구체적으로 나온다. 소년은 뾰족한 것에 박히고 뭔가에 묶이는 반면, 소녀는 손목을 찔린다.

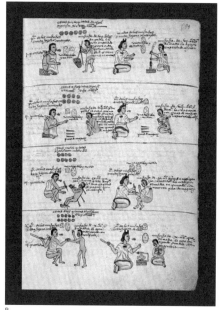

B

17~18세기 동안 양성 모델의 발달은 과학 진보나 의학 발전을 나타낸다기 보다는, 경제와 정치 변화를 통해 이뤄졌다고 볼 수 있다. 특히 여자가 남자와 함께 경쟁하면서 평등하게 일하는 능력에 관해서 더욱 그렇다.

전 세계적으로 보면 근대 시대에 와서 젠더 차이에 대한 이해가 발전했고, 그 발전은 각 지역의 경제 수요가 변했기 때문에 나타났다. 이 변화는 각 지역의 산업혁명 때문에 생긴 것이다. 예를 들어, 일본의 산업혁명은 **메이지 시대**Meiji period인 1870년경에 시작되어 서구보다 늦었는데, 이 산업혁명으로 서구 여성들처럼 여성의 역할이 변화하게 되었다.

서양 산업혁명의 전반기, 여성과 아동은 주요 제조업 분야야에서 남자와 함께 일했다
(아동 노동 반대 캠페인에서는 아동과 여성의 노동 시간이 줄어서, 결국엔 둘 다 없어질 거라고 보았지만
말이다).

노동자 계급 여성은 늘 일거리를 찾아야 했다. 그러자 산업혁명기에는 찾는 일의 본질이 바뀌었다.

숙련된 남성 기술자들이 섬유, 도기, 대량생산된 음식, 의류 같은 산업 분야를
지배해왔는데 새로운 기술이 개발되면서 기계가 그런 남성 기술자들을 빠르게
대체했다. 다만 여자와 아이들은 적은 시간이라도 기꺼이 일하려고 했고, 새로운
기술이 도입되었을 때도 남자들만큼 분노하지 않았다. 차츰 여자와 아동이
남자를 대신하거나, 부족한 남자 인원수를 보충하기 시작했다. 그러나 노동조합은
남자 구성원의 이해관계에 따라 움직였다. 그래서 생계 부양자라는 전통적인 남성
역할을 여자가 차지하는 것에 반대했다.

A 〈아일랜드의 아마섬유 제조소〉(1791)에 실린
  일러스트. 18세기 아마 관리법을 볼 수 있다.
  그때는 많은 여자들이 실잣기 같은 가내수공업
  일을 했다.

B 1851년 영국 맨체스터 딘 밀즈에 있는 면화
  배증실에서 일하는 여성 근로자. 산업혁명
  초기에 여자들은 대체로 직물 공장에
  고용되었다.

여자는 공장에서 적은 시간 일하거나 종속적인 일을 했기 때문에 남자에게
위협적이지는 않았다. 그렇지만 이제 최소한 일부 산업에서는 남자의 노동 가격을
낮추고 있었다. 기독교를 포함한 일부 종교 지도자들은 여성의 젠더 역할이
변화할까봐 걱정했다. 그것은 많은 종교 경전의 가르침에 위배되기 때문이다.

과거의 사회가 만든 이상적인 여성성이
지속될 수만 있다면, 이런 걱정을 해결할
대안이 될 수도 있었을 것이다. 과거에는
여자라면 집에서 남편과 아이들을 돌봤을
것이기 때문이다.

A

사회에서 종교 지도자와 노동조합은 둘 다 커다란 영향력을
행사하고 있었다. 지배적 젠더 담론discourse은 일하는 여자, 즉
노동계급의 여자를 마치 실패한 여자처럼 그렸다.
중산층 남자의 이상은 부양자, 여자의 이상은 양육자였다.
이 모델은 산업혁명으로 완전히 뒤집힐 수도 있었으나,
오히려 19~20세기 초반에 단단히 자리를 잡았다.

크리스틴 델피Christine Delphy(1941~)와 같은 마르크스주의 페미니즘
작가는 이런 모델이 자본주의capitalism와 잘 맞는다고 주장한다.
여성은 무급 가사노동과 값싼 상업 노동의 '예비군'이 될 수 있었고,
다음 세대 노동자를 생산하고 사회화하는 수단을 제공했다는 주장이다.
이런 여성은 '이상적인' 자연 질서를 반영한다며 정당화되었고,
양성 모델과 함께 당시 과학의 지지를 받았다. 사실 이런 이상을
떨쳐내기란 매우 어려웠다. 가정의 생계를 위해 여성의 임금이
필요했던 사람들에게는 해당되지 않았지만 말이다.

담론 일반적으로 모든 말이나 글로 된 의사소통을 지칭하지만, 특정 주제에 관한 격식을 갖춘 논의, 특히 학문적인 논의를 의미한다. 사회과학과 인문학에서는 담론이 특정 주제에 관련된 지배적 사고방식을 설명한다.

자본주의 이윤을 추구하고자 개인 소유자들이 무역과 산업을 통제하는 경제 및 정치 체계.

이런 이상과는 완전히 다른 예외도 있었다. 뉴질랜드와 미국 서부 같은 '프런티어' 문화에서 식민지의 지배여성은 전통 틀에서 볼 때 남성적인 역할을 반드시 맡아했다. 아버지, 남편 혹은 남자 형제가 출타중이거나 무력해지면 그녀들은 총 쏘기, 말떼 몰기, 가족 보호와 부양 같은 일을 했다. 그에 따라 뉴질랜드와 미국 전체가 여성에게 투표권을 부여한 것은 1920년에 와서의 일이지만 말이다. 미국 서부의 몇 개 주가 최초로 여성에게 투표권 및 일부 경우에는 재산을 상속할 권리까지 부여했다.

그동안 영국에서는 이상적 여성성 개념과 여자 노동자 수가 증가한다는 사실이 서로 충돌을 일으키고 있었고, 이 문제는 빅토리아 시대 중산층 계급의 걱정거리가 되었다. 가정 내의 서비스와 돌봄 노동이야말로 그 문제를 해결할 답으로 보였기 때문에 신부 수업용 예법으로 권장되었다.

B

C

2. 사회 구성물로서의 젠더 59

노동계급 여성을 교육한다는 것은 가정의 의무를 만들어서 그들을 교화하는 것이었다. 1904년부터 정부 보고서에 분명히 나타나듯이, 이런 교육은 중산층 가정의 기준을 주입하는 하나의 수단이었다.

"이런 여자들은 대부분 13세에 공장에서 일을 시작하면서 스스로 소득을 관리하고, 여러 사람들과 어울렸을 것이다. 공장 생활의 온갖 흥분거리와 뒷공론도 나누고 말이다. 이렇게 되면 가정사와 관련된 일은 전혀 모른 채 성장할 것이다(…). 집안일에서 기쁨을 찾도록 교육하지 않으면 여자들이 공장 생활을 포기할거라 기대해봐야 소용이 없다."

여성의 역할 변화에 대한 이와 비슷한 반발은 일본 메이지 민법에도 반영되어 있다. 메이지 민법은 일본이 산업혁명을 시작한 지 30년경 뒤인 1898년 제정되었다. 이를 테면, 아내는 다음과 같은 일을 할 때 남편의 허락을 구해야 한다. "자금을 받거나 쓰는 일, 대출 계약을 하거나 저당 잡히는 일, 부동산이나 동산 재물의 권리를 취득하거나 내주려는 목적을 가진 모든 행위, 기증하거나 협상하거나 혹은 중재를 합의하는 일, 상속을 받아들이거나 거부하는 일, 또한 기부나 유산을 받아들이고 거부하는 일, 여자의 양도와 관련된 모든 계약상의 일"에서 말이다.

젠더 연구가 베벌리 스켁스Beverley Skeggs는《계급과 젠더의 형성》(1977)에서
'존경'이라는 개념은 19세기에 그랬듯, 오늘날에도 젠더 구성에서 중심이 된다고
주장한다. '좋은 여자'가 된다는 것은 존경받는 여자가 되는 것과 같다.
동시에 자제와 통제력이 있고, '과도함'이 없어야 하고, 좋은 취향이라는
중산층의 문화 가치를 반영하는 덕목들을 갖춰야 했다.

현재도 그렇지만, 역사를 되짚어 봐도 도덕은 여성성을 구성하는 핵심 요인으로 작용한다.

종교 역시 문화 가치, 법적 권리와 함께 젠더화된 도덕률과 젠더 역할을 만들고
유지하는 데 중요한 역할을 한다. 여성의 순결을 강조하는 종교 도덕률은
공적 생활과 종교 생활을 하는 데에도 성차별을 정당화한다.

많은 주요 종교 경전들이 전통적으로 고대 농경사회에서나 있던 이분법적 젠더 역할을 전파한다. 이런 행동이야말로 인생을 올바르게 사는 것이고, 사후에 구원받기 위해서 꼭 필요하다고 말한다.

유대교, 이슬람교, 기독교 계열에서도 여자와 남자를 분리해서 생각하는데, 이것은 본질적으로 통제할 수 없는 남성 섹슈얼리티로부터 여성의 순수함을 지키기 위해서다. 이런 생각은 현대의 젠더 및 섹슈얼리티와 관련된 더욱 폭 넓은 담론에서도 나타난다. 이런 담론에서 이를 테면, 어떤 옷을 골라 입었는지, 술은 마셨는지 여부를 놓고 성희롱과 성폭력에 대한 책임을 여성에게 묻는다. 아미시나 정통파 유대교도 같은 현대의 보수 종교 공동체도 공적 생활이나 사생활에서 전통적인 남녀 젠더 역할을 끈질기게 고집한다.

반대로 기원전 1세기경으로 거슬러 올라가, 고대 일본 사회에 대해 설명한 중국 문헌을 보면, 그 시대에는 남녀의 사회적 구분이 없어서 여자 통치자도 있었다는 주장이 있다. 역사적 맥락에서, 이런 설명은 일본인을 폄하하려는 중국의 의도로 볼 수 있지만 이처럼 평등한 행위는 당시 일본에서 믿던 신도Shinto 종교로도 설명할 수 있다. 초기 신도는 창조주이자 태양 여신인 아마테라스를 경배했다고 여겨지며, 여성 자질이 남성 자질과 균형을 이루면서 수용되고 찬미되는 가모장적 종교로 이어졌다고 생각된다.

A 슌사이 토시마사의 〈바위문에서
   음악과 춤이 생겨난 기원〉(1887).
   일본 태양의 여신 아마테라스가
   동굴에 나타난 장면을 그렸다.
B 여자들을 실어 나르는 데 쓰인
   1880년대 규방의 마차. 여자의
   단정함을 보호하고, 퍼다의 가르침을
   따르려고 마차의 사방을 덮개로 가린
   사진이다.

신도 일본의 토착 신앙으로,
여전히 불교와 더불어 일본의
주요 종교다. 신도의 초기 형태는
불교와 뚜렷이 구분되었지만,
시간이 지나면서 불교와 유교를
일부 받아들였다.

퍼다 남아시아 일부 힌두
공동체와 무슬림 공동체에서
여자를 고립시키는 형식이다.
퍼다를 행하는 여자는 눈에 띄지
않도록, 특히 남자 눈에 띄지
않도록 몸에 장막을 친다. 여자는
베일을 포함한 옷을 뒤집어쓰고,
장막이나 커튼, 벽 뒤로 분리된다.

B

경제 상황이나 정책들이 변화하면서,
젠더에 대한 종교 해석과 입장이
달라지기도 한다.

경제, 정치 체제의 변화는 젠더화된 경험에 영향을 미치는 주된 요인이었다.
예를 들어, 방글라데시에서는 1970년대 후반에 시작한 무역 정책의 변화로
의류 산업이 발달했는데, 이로 인해 새로운 인력이 필요했다. 새로운 노동자들은
일을 찾아 도시로 이사 온 많은 수의 여성들이었다. 이 현상은
퍼다purdah라는 전통 가치에 반하는 일이었다. 퍼다는 공공장소에서
여자와 남자를 분리하고, 여자는 몸과 얼굴을 가려야 하다고 가르친다.
도시에서 여자가 노동자가 되면서, 퍼다에 대한 생각이 완화되었다. 여자의 임금이
필요한 가족에게도 마찬가지였다. 그에 따라 여자가 사회에서 공적으로 존재할
가능성에 대한 인식이 높아졌다.

A

그러나 퍼다에 대해 역사적으로 생각해보면, 카스트 및 계급이 항상 문화 가치에 영향을 주었다는 걸 알 수 있다. 카스트와 계급이 낮은 가족에게는 여자의 임금이 필요했고, 그런 여자들이 남자와 나란히 들에서 일했다. 여자가 일할 필요가 없던 부유한 가족들만 퍼다를 엄격하게 행했다.

젠더화된 종교 관례와 반대로, 변화중인 상황을 보여주는 또 다른 사례가 있다. 사티sati라는 전통 힌두 제식을 서구가 이해하는 방식이다. 힌두 사상에서 사티는 역사적으로 명예로운 행위라고 생각하며, 사티를 행하는 여자는 남편의 장례용 장작더미 위에서 자신의 몸을 불사른다. 하지만 이런 분신은 서양 자유주의 관점, 특히 페미니즘 관점에서는 여성에 대한 강압과 폭력을 상징한다.

1829년 인도를 식민통치하던 영국은 사티를 불법이라고 선언했다. 페미니스트 작가이자 이론가인 가야트리 스피박Gayatri Spivak(1942~)은 《하위주체는 말할 수 있는가?》(1988)에서 우리가 사티에 대해 알고 있던 것은 영국 식민주의자 관점이지, 사티에 직접 참여했던 여자들 관점은 아니라고 말한다. 또한 "백인 남자가 인도 여자를 인도 남자에게서 구하려 한다"라는 스피박의 주장은 권력 문제를 더욱 복잡하게 만든다. 여기서 논쟁의 중심이 되는 문제는 평범하다. 사티라는 관례를 가능하게 만드는 것은 가부장적 관습인가, 아니면 여성 개인의 자율적 선택인가? 혹은 두 가지 다인가? 스피박이나 다른 포스트 식민주의post colonial 페미니스트들은 후자라고 주장할 것이다.

퍼다의 사례처럼, 어떤 국가가 침략당하거나 식민화되면 지배 국가의 젠더 역할과 기대치가 피식민 지역의 젠더 해석에 개입해 둘이 나란히 발전하기도 한다. 이런 젠더 기대치들은 충돌을 일으킬 수도 있고, 복합적이거나 모순되게 느껴질 수도 있다.

예를 들어, 남미 일부 지역에서는 스페인의 통치가 가족 안에서 젠더화된 역할을 구분하는 데 영향을 주었다. 지역의 전통 젠더 모델과 자본주의라는 근대적 요구 둘 다 여자를 중요한 노동 인구의 일부로 생각했는데, 가족 안에서 젠더화된 역할도 있었다. 한편으로는 노동시장의 기대치, 다른 한편으로는 가족의 의무라는 기대치가 서로 상충한다. 따라서 세계 각자의 여성들처럼 이 지역 여성들도 두 개를 동시에 해낼 수가 없다.

사티 과부가 남편의 화장용 장작더미에서 분신하는 힌두의 장례 관습. 현재 더 이상 이루어지지 않는다. 찬성하는 사람들은 사티를 절대적 경건과 순수 행위라고 주장한다. 그러나 이 관습을 비판하는 사람들은 과부의 선택지가 암울했다고 말한다. 할 수 있는 거라고는 머리를 삭발한 채 쌀만 먹으면서 사회 접촉을 거부하고, 사실상 사회에서 고립되는 것이다. 아니면 홀로된 아내는 자신이 사티에 따라 죽지 않았기 때문에 그 재산을 상속받지 못한 남편의 가족에게 학대를 당하며 살 수도 있다.

포스트 식민주의 때로 식민 통치 이후의 시기를 기술하는 데 쓰인다. 포스트 식민주의 연구는 제국주의 통치하에 살았던 토착민들의 관점에서 식민 통치가 인간에 미치는 영향에 대해 말하는 사회과학의 한 분야다.

A 19세기 인도의 화가가 그린 사티(또는 수타)를 행하는 그림. 죽은 남자의 아내는 남편의 화장용 장작더미에 스스로 올라 불에 타 죽는다.

A

서구 페미니즘 운동은 젠더가 생물학적으로 결정된다는 주장에
반기를 들었다. 이를 뒷받침하는 증거들이 20세기 내내 강화되었다.

젠더 사회화gender socialization 연구는
젠더화된 행동이 학습된 것이지, 타고나는
것이 아님을 입증한다.

자라면서 가까이서 보는 이런 사고방식은 우리가 사는 방식에도 영향을 미친다. 젠더
사회화 연구는 일반적으로 소녀와 소년에게 특정 행동을 칭찬하고, 특정하게 젠더화된
장난감과 활동을 권하며, 성별로 다르게 몸을 표현하리라는 기대를 보여준다. 더 넓어진
사회 구조가 젠더 차이를 만드는 핵심이라고도 강조한다. 역사와 종교의 무게, '자연스럽다'
고 제시된 모든 것이 개인 또는 사회 집단으로서 우리가 전통적인 젠더 역할을 유지하도록
강요한다. 젠더와 교육에 대한 연구를 보면 조직적 기대치가 있음을 알 수 있다. 즉, 소녀와
소년이 특정한 과목에서 더 잘하거나 못하는 것이 있으며, 학교에서도 젠더를 기반으로
소녀와 소년이 서로 다른 과목을 택하거나 택하도록 권장한다.

A '서우와 핑크색 물건들'이라는 제목의 사진. 대한민국 사진작가 윤정미가 만든 〈핑크와 블루 프로젝트〉의 일부다. 이 시리즈는 미국과 한국에서 젠더와 아동의 소비 사이의 관계를 연구한다.

B 같은 시리즈의 '기훈과 푸른색 물건들'. 윤 작가는 "나는 아이들과 그 부모가 알게 혹은 모르게, 얼마나 광고와 대중문화의 영향을 받는지를 보여주고 싶었다. 푸른색은 힘과 남성성의 상징이 되었고, 분홍색은 상냥함과 여성성을 상징한다"고 말한다.

젠더와 미디어 연구는 젠더 차이가 문화에서 어떻게 표현되는지를 추적했다. 남성용 혹은 남성 관련 미디어 제품은 활동성과 용감함을 강조하는 경향이 있는 반면, 여성용 제품은 친절함과 아름다움을 강조하는 경향이 있다.

젠더 사회화 사회학과 젠더 연구 분야에서 발전된 용어로, 전통적으로 한 사람의 젠더와 관련된 규범과 가치를 배우는 과정을 말한다.

페미니스트 철학자 아이리스 마리온 영Iris Marion Young(1949~2006)은 〈여자처럼 공 던지기: 여성적인 몸의 행위 운동성과 공간성의 현상학〉(1980)에서 여자는 자기 몸이 약하다는 시각을 내면화한다고 주장한다. 여자는 자기가 육체적 일을 할 수 없다고 생각하고, 그로 인해 신체 활동에 관한 연습을 하지 않는다. 예를 들어, 공 던지기 연습을 하지 않으면 힘과 몸에 대한 확신이 커지지 않는다. 영은 여자는 남자처럼 자유롭게 자기 몸을 사용하도록 권장되지 않고, 그 사실이 여자에게 일생동안 영향을 미친다고 말한다. 또한 여자는 "신체적으로 억제되고 제한되며, 배치되고, 대상화 된다"고 강조했다.

1980년대 젠더 사회화 이론이 확대된 계기는 젠더뿐만 아니라 섹스도 사회, 문화적으로 구성된다는 주디스 버틀러의 주장 때문이었다. 버틀러는 중요한 것은 몸의 차이가 아니라, 그 차이가 사회에서 보이는 방식이라고 말한다.

버틀러는 젠더와 섹스, 둘 다 담론을 통해 구성된다고 본다. 이런 관점에서 보면 젠더는 담론의 바깥에 존재하지 않는다. 버틀러는 그 누구도 하나의 젠더one gender로 태어나지 않는다고 주장한다. 그보다는 젠더를 '행하는' 법을 배우는 것이라고 말한다. 다시 말해, "우리는 남자이고 여자라는 인상을 강화하도록 행동하고, 걷고, 이야기하고, 말한다"는 것이다.

A 영국 《더 선》지의 표지. 태양Sun을 아들Son으로 바꿔 표기했다. 2013년 7월 케임브리지 공작과 공작부인의 아들 조지 왕자의 탄생을 기념하기 위해 런던 그레이 대행사가 디자인했다. 이 표지는 많은 사회에서 신생아의 젠더가 중요하다는 사실을 강조한다. 특히 재산이나 작위가 남자의 가계를 따라 전승될 때 더욱 그렇다.

B 아이의 젠더를 선언하는 리본 사진. 이탈리아에서 아이가 태어나면 전통적으로 여자아이는 분홍색 장미 모양 리본을, 남자아이는 푸른색 리본을 신생아 방 위에 단다.

B

버틀러는 '수행성'이라는 개념을 발전시켜 젠더 규칙이 자연스럽다고 생각하게 만드는 방식으로, 어떻게 강제적이고 반복적으로 행해지는지 연구했다. 그녀는 아기의 탄생을 예로 든다. 의사나 간호사가 어떤 아기가 여자나 남자라고 선언할 때, 그것은 이미 존재하는 무엇인가에 관해서 말하고 있는 것이 아니다. 버틀러는 자연스럽게 젠더화된 몸은 없다고 말한다. 그보다는 버틀러가 '수행적 발화'라고 부르는 이런 '발화 행위'가 아이의 젠더를 만든다. '여자아이예요' 혹은 '남자아이네요'라는 진술이 아이의 몸에 젠더를 각인시킨다는 것이다. 버틀러에게 젠더 수행의 핵심은 그것을 둘러싼 사회 규범과 가치다.

사회가 우리에게 기대하는 젠더 수행 방식이 항상 순조롭게 진행된 것은 아니지만, 시간이 지나면서 두 젠더의 평등과 권리가 개선되었다.

예를 들어, 이란에서는 1980년대에 새로운 정부와 국가 권력이 들어서면서 소녀와 여자들의 권리가 축소되고, 그들에게 규정되어 있던 사회 역할도 변했다. 그러나 이란은 20세기 초반부터 여자들도 교육을 받았고, 직장 생활에 전력을 기울일 수 있었다. 많은 여자들이 정치와 공직에 참여했다. 많은 여자들이 작가로 활동하자 1907년이라는 이른 시기에 여성 문제를 다루는 저널이 창간되었다. 이는 영국 여성이 투표권을 행사할 수 있던 시기보다 무려 10여년 전의 일이었다.

그러나 1979년 이란 혁명으로 이란 이슬람 공화국이 집권하게 되었다. 아야톨라 호메이니Ayatollāh Khomeini(1902~89년)가 이끄는 새로운 권력 기반은 예전에 페미니즘 운동으로 얻은 여성의 권리 중 상당 부분을 없앴고, 젠더 역할에 큰 변화를 가져왔다. 여자는 더 이상 공직에 설 수 없었고, 결혼 연령 제한이 9년 더 낮아졌으며, 결혼한 여자는 학교에 다닐 수 없었다. 남녀 분리가 공적인 공간에서 강화되면서, 여자들은 이슬람 복장규정을 따를 수밖에 없었다.

이란 여자들이 자신의 권리를 되찾기 시작한 것은 1997년 새 정부 출범 이후다. 무려 20년이 흐른 뒤였다.

많은 여자들이 다시 정치와 페미니즘 운동에 참여하게 되었고, 여성 인권 활동가인 시린 에바디Shirin Ebadi(1947~)가 2003년 노벨 평화상을 받았다. 그러나 2012년 새로운 국회가 다시 한 번 여성 권리를 축소했다. 게다가 이슬람법은 집권 정부와 무관하게, 결혼과 재출산에 있어서 여자의 권리를 제한하는 행위를 할 수도 있고, 여자의 개인적 자유를 줄이고 복장 규정에 대해 지시할 수 있다. 이런 법의 변화는 그것의 해석에 달려 있다. 예컨대, 현재 이란 여성들의 여러 기본권은 여전히 충족되지 않고 있다.

A

A 1961년 이란의 테헤란에서 서양 복식의 한 커플과 상점 진열장을 들여다보는 차도르를 쓴 여자. 오늘날 이란 여성들은 얼굴을 가려야 하지만, 차도르가 의무는 아니다.
B 쉬린 네샷의 〈열정〉(2000) 중 한 장면. 이 비디오 아트는 1979년 이슬람 혁명 후 이란의 사랑과 젠더라는 주제를 탐구한다. 이슬람 혁명은 공공장소에서 남자와 여자를 분리하도록 규정했다.

아야톨라 호메이니 이란의 정치인이자 시아파 이슬람교도 종교 지도자(1902~89). 서구가 이란의 왕과 국가에 미친 영향을 강경히 비판했다. 1979년 이란 왕정이 몰락하자, 이란을 이슬람 공화국으로 선포했다.

시린 에바디 변호사이자 대학교수이며, 이란 및 세계 각지에서 인권 캠페인을 하는 활동가(1947~). 이란 혁명이 일어나기 전, 이란에서 최초로 수석 재판관으로 임명된 여성 중 한 명이었다. 에바디는 '100만인 서명' 캠페인을 창시했다.

B

그렇지만, 이란에서 여성 권리 운동은 거세다.

이란에서 여성 권리 운동으로 2006년에는 '차별법 폐지를 위한 100만인 서명' 캠페인을 시작했고, 지금도 계속해서 사회 전반에서 여성의 권리를 지키고 있다.

이란의 사례는 젠더에 대한 이해가 정치 및 종교 체계의 변화와 깊이 관련된다는 사실을 보여준다. 이런 체계가 일상에서 젠더를 경험하는 구조를 만든다.

정치와 종교 지도자들의 관점과 여성 권리 운동에 참여하는 사람들의 신념은 뚜렷이 대조된다. 분명히 서로 상충되는 젠더 개념도 있고 젠더의 의미도 시대에 따라 변화한다. 이런 상충되는 젠더 개념을 보면 젠더가 역사적인 시기나 문화 전반에 걸쳐 변할 수 있을뿐 아니라, 특정 시기 특정 국가 안에서도 가변적이라는 사실을 입증한다.

남자다움에 대한 이해, 남자가 된다는 의미에 대한 기대치 역시 똑같이 역사·문화적인 변화에 따라 달라진다.

서구 국가에서 남자들 사이의 신체 접촉은 동성에 대해 매력을 느낀다는 신호로 읽히기도 하고, 때로는 동성애 차별로도 읽힌다. 그러나 아랍의 많은 국가에서는 동성애 남자들이 사람들 앞에서 손을 잡는 일이 흔하다. 서구의 남성성은 타인을 보호하고 부양할 힘과 권력, 능력을 가진 젠더로 구성되어 있지만, 전 세계를 둘러봐도 여자의 역할만큼이나 남자의 역할도 고정된 것이 아니라 유동적이고 변화 가능하다.

A　베트남의 중앙 하이랜드 지역에 살고 있는 에 데 부족이 추는 전통춤 콩 시엔 사진.

B　2009년 아프가니스탄 타하르 주에 있는 코카 강 근처에서 사진 찍은 두 명의 목동 사진. 이곳에서는 의례 남자들끼리 손을 잡는다.

C　2005년 조지 W. 부시 전 미국 대통령이 중동 지역의 평화를 촉구하던 중 사우디아라비아의 관습에 따라 압둘라 왕세자와 손을 잡고 있다.

A

에 데 이 부족은 남베트남에 사는 민족 집단으로, 라데나 에 데 족으로도 알려져 있다. 이들은 모계 혈통이며, 가족 중 가장 연장자인 여성이 소유한 전통가옥에서 가족 단위로 함께 산다.

B

C

이를 테면, 기니비사우 공화국 오랑고 섬에서는 남자가 프러포즈를
할 수 없다. 여자가 프러포즈를 했을 때 남자가 거절할 수도 없다. 남베트남의 에 데
E De 문화에서는 남자가 유산 상속을 받지 않는다. 결혼을 하면 남자가 아내의 성을
따르고 여자 집으로 이사한다. 일본에서는 관례적으로 여자가 사오는 초콜릿이나
꽃 같은 선물을 남자가 받는다. 여자가 남자의 선물을 받는 게 아니다.

남자와 여자의 젠더 역할에 있어서 분명한 문화·역사적 차이가 존재하는 데도, 남녀에 대한 전통적 기대치가 오늘날에도 계속해서 불평등을 만든다.

산업혁명 이래로 스스로 생계를 부양하건 가족 소득에 기여하건 간에,
주류 노동인구 중 여성 수는 크게 늘었다. 노동자 계급 여자들뿐 아니라,
중산층과 상류층 여자들에게도 이제 세계 각지에서 공적인 영역이 일상이 되었다.
그리고 많은 나라에서 직장에 다니는 여자와 가정에 있는 남자에 대한 태도가
보다 긍정적으로 변했다(4장 참고).

A

유니세프 국제 연맹 아동 기금의 줄임말. 유니세프는 뉴욕에 기반을 둔 국제 연맹으로, 저개발국 아동들을 돕고 그들을 대신해 캠페인을 벌인다.

그러나 가사 노동 및 양육에서의 젠더 불평등은 여전하다. 2016년 영국 통계청 조사를 통해 남자, 여자 모두 직장 일을 하는 관계에서, 남자보다 여자가 평균 40퍼센트 이상 가정에서 무급 노동을 더 많이 한다는 사실을 확인할 수 있다. 세탁, 쇼핑, 요리와 같은 집안일을 포함한 무급 노동이다.

유니세프UNICEF는 젠더 사회화와 젠더화된 고정관념이 세계 각지에서 남자아이를 중요한 위치에 두기 때문에, 여아보다 남아의 출산을 더 의미 있는 것으로 생각하게 만드는 방식을 지적한다. 유니세프는 이런 사실이 교육뿐 아니라, 사회 복지와 의료 서비스에 있어서도 여자아이들에게 차별을 겪게 되는 원인이라고 본다.

전통적 젠더 역할은 초기 농경사회가 요구하는 것을 충족하기 위해 생긴 것으로 보인다. 그러나 이러한 역할이 경제·사회·정치 현실에 따라 자꾸 변화하는 정도를 보면, 젠더 역할이 생물학으로 결정된 고정 기질은 아니라는 것을 알 수 있다. 사실 젠더는 사회적으로 구성된다.

젠더화된 규범·가치·역할·기대치는 특정 사회나 문화가 부여했고, 이상적인 특성으로 제시했다.

더 나아가 젠더 규범은 사회 구조와 그 안에서 배운 가치로 인해 고착된다. 또한 의식하건 의식하지 않건 간에, 사회에 살고 있는 개개인에 의해서도 영원히 유지된다. 이런 역할과 기대치야말로 바로 우리가 젠더라고 이해하는 것이다. 이런 역할과 기대치는 다른 문화와 시대에 일관되게 존재할 수 없기 때문에, 젠더 자체가 늘 일관되게 존재하는 건 아니라는 주장의 근거로 작용할 수 있다.

젠더의 변형가능성과 기원이 사회 구성물이라는 사실은 남자나 여자로 규정된 사람들의 집단 안에서도 젠더 역할과 젠더 표현이 일관되지 않다는 점으로 일부 입증되었다. 그러나 트랜스젠더와 비이분법적 젠더 정체성의 존재 역시 전통적 역할과 기대가 젠더의 의미와 경험을 설명하지 못한다는 것을 드러낸다. 3장에서는 강제적인 사회 기능이 아니라, 비이분법적 정체성이자 유동적인 젠더 표현에 대한 생각을 논의할 것이다.

B

A 1986년의 중국 가족계획 선전 포스터. 이 계획은 전국적으로 한 자녀 정책 시행을 목표로 했다.

B 2014년 중국의 광동 지방 광저우에 있는 베이비 센터에 아기를 맡긴 뒤 울고 있는 엄마. 베이비 센터는 부모가 유아를 길거리에 유기하는 것을 막고자 도입했다. 신생 여아는 유기되거나 살해될 위험이 더 컸다. 부모에게 여자아이는 버거운 짐으로 여겨졌다. 한 자녀 정책은 아들을 낳기 위해 출산을 더 하지 못하게 막았다. 이 정책은 2015년 후반 폐지되었다.

NOTICE
NO PERSON WILL BE ALLOWED
TO DESCEND THIS MINE UNLESS
CARRYING SELF RESCUING
APPARATUS.
C.G.M.

ADING OF Nº 5 CAGE
- 36 MEN PER DECK.
L - 3—3 TON MINE CARS
- 2-3 TON MINE CARS

A

이번 장은 젠더 정체성과 젠더 표현이 전통적 젠더 역할의 바깥에 있거나, 그 사이에 걸쳐 있는 개인과 집단에 대해 살핀다. 남자와 여자 사이의 '선택'이라는, 전통적 젠더의 사회적 구성이 때로 일상의 경험이나 정체성 그리고 사람들의 결정과 일치하지 않는다는 것을 밝히고자 한다.

서구에서 젠더 체계gender system는 대체로 이분법 모델을 따른다. 그 이분법 안에서는 남자와 여자가 유일한 젠더 범주다. 여자와 남자는 근본적으로 달라 보이기 때문이다. 그렇지만 전 세계 젠더 체계를 연구해보니 이런 이분법은 그 어디에서도 맞지 않았다는 사실이 밝혀졌다.

역사적으로, 사람들의 젠더 행위가 남자 혹은 여자로만 이루어진 젠더 모델과 다른 공동체는 수없이 많았다. 예를 들어, 인도의 젠더 다양성을 보면 그 생생한 전통은 신화 속에도 있고 오랜 역사 속에도 있다.

젠더 체계 특정 사회 안에서 남자와 여자에게 다른 활동, 역할, 지위를 할당한다.

히즈라 태어날 때는 남자였으나 여자로 살아가는 사람을 뜻하는 남아시아의 용어. 역사적으로 많은 히즈라 공동체가 남아시아에 있었고, 그들은 지금도 현대 사회의 일원이다.

제3의 젠더 남자도 여자도 아닌 법적·사회적 젠더 범주. 제3의 젠더는 역사상 이런 전통적 젠더 역할이 있던 사회에 존재한다. 남자도 여자도 아니라고 밝힌 사회 구성원 일부의 권리를 최근 인정한 사회에도 존재한다.

작가 제이콥 오글스Jacob Ogles는 《19개의 LGBT 힌두 신》(2016)에서 "수세기 동안 힌두의 문학, 신화, 종교 텍스트 안에는 젠더 이분법에 반기를 든 외모의 신들이 등장한다"고 말한다. 히즈라hijra 공동체는 특히 오랫동안 인도 문학의 일부였다.

히즈라에 대해 기록한 역사물로는 《라마야나》(기원전 약300)와 《마하바라타》(기원번 약400)뿐만 아니라, 학자마다 편차는 크지만 대략 기원후 2세기경으로 거슬러 올라가는 《카마수트라》도 있다. 2010년 세레나 난다Serena Nanda(1938~)는 히즈라 공동체에서 일부는 인터섹스지만, 대부분의 구성원은 태어날 때 남자로 지정되었다고 주장한다. 또한 히즈라들은 난다가 만든 용어로, '제도화된 제3의 젠더 역할'을 형성하면서 긴밀하게 맺어진 공동체 안에 산다는 것도 알아냈다. 역사적으로 이들은 무성애자라고 생각되었고, 성스러운 자질로 명성이 높았다. 그러나 지금 인도 사회에서는 많은 히즈라들이 성 노동과 특정한 종교적 축복을 행하는 일로 돈을 번다. 2014년에 히즈라는 인도에서 법적으로 제3의 젠더third gender으로 인정받았다. 모든 히즈라가 다 이런 분류를 환영한 것은 아니다.

A 19세기 북아메리카의 주니 공동체에서 두 영혼을 가진 구성원 와와의 사진. 젠더 다양성을 가진 사람과 인터섹스인 사람은 전통적으로 아메리카 원주민들에게 존경을 받았다. 사람들은 이들이 위대한 영적 재능을 가졌다고 믿었다.

B 남아시아 히즈라 집단. 남아시아에서 히즈라는 트랜스와 인터섹스인 사람을 지칭하는 데 사용되었다. 전통적으로 사회에서 존경받는 구성원들이었으나, 오늘날에는 히즈라 중 많은 이들이 차별과 가난을 겪고 있다.

A

트라베스티 일부 남미
문화에서, 태어날 때
남자로 지정되었지만
여자와 동일시하는 사람.
트라베스티는 종종 더
여성적으로 보이려고
임플란트나 실리콘 주사를
사용하지만 여자나 남자와
완전히 동일시하지는 않을
수도 있다. 자신만의 규칙이
있는, 따로 분리된 젠더
정체성을 주장하기도 한다.

먹스 토착 멕시코 소수
문화인 사포텍 사람들의
젠더 정체성. 먹스인
사람들은 태어날 때 남자로
지정되지만 여자로 보이는
일부 특성이 있다. 여성적인
옷을 입는다든지, 화장을
한다든지, 자수 같은 전통적인
여성의 일을 한다든지 말이다.
이들은 제3의 젠더로 보이며,
남자의 몸에 남성적인 동시에
여성적인 특성을 결합한다.

마후 하와이와 타히티
문화에서 '중간에'라는 의미인
제3의 젠더 정체성. 이들
개개인은 남성적인 동시에
여성적인 양상을 보일 수
있어서 전통적으로 존경을
받아왔고, 사회에서 특정하고
가치 있는 역할을 해왔다.

다른 문화권에서도
두 개 이상의 젠더를 인정했다.

라틴 아메리카 각지에서 트라베스티travesti는 역사가 길다. 과거에는
트라베스티가 남자이면서 동시에 여자인 사람이라고 생각했으나,
오늘날에는 인도의 히즈라처럼 제3의 젠더로 여긴다. 멕시코 사포텍
(*멕시코의 오악사카 주에 사는 아메리칸 인디언) 문화권의 먹스muxe는
스페인 식민지 시대보다 앞선 시기에 제3의 젠더로 인정되었다.
오늘날 먹스는 가끔 트랜스섹슈얼의 동의어로 사용되기도 한다. 또한
일부 폴리네시아 문화에서 마후mahu는 전통적 위상을 갖는 반면,
사모아 사회에서는 파아파피니fa'afafine가 특정한 문화적 역할을
담당한다. 과거에 한 가족 단위 안에 가사 일을 도울 여자의 수가
충분치 않으면 남자아이가 파아파피니로 길러졌고, 파아파피니는
남성적 특질과 여성적 특질을 둘 다 보였다. '카토이'라는 용어는
태국과 라오스에서 젠더 다양성을 가진 사람들을 뜻한다. 그리고
젠더 다양성의 증거는 중국, 이란, 인도네시아, 일본, 네팔, 대한민국
그리고 베트남의 문헌에서 확인할 수 있다. 전 세계 무슬림 국가 중
가장 인구수가 많은 인도네시아에서도 와리아waria들은 태어날 때는
남자로 지정되지만, 공개적으로는 여자로 살아간다.

파아파피니 사모아에서 인정된 젠더 정체성. 태어날 때 남자로 지정되었으나 자신 또는 가족의 결정으로 여자로 길러진 사람을 말한다. 특히 가족 중에 아들 수는 많은데 딸이 없는 경우가 많다. 파아파피니는 여성적 특질을 보이며, 가족 안에서 특별한 사회적 역할이 있어서 전통적으로 여자에게 할당된 일을 한다. 일부에서는 파아파피니를 여자로 규정한다.

와리아 태어날 때 남자로 지정되었으나 여자의 영혼을 가지고 태어났다고 믿는 인도네시아의 제3의 젠더 공동체. 와리아 공동체는 서구에서 여성적 게이 남자로 간주될 만한 사람들도 포함한다. 많은 와리아가 종교적 이유 때문에 젠더 확정 수술을 받기 원치 않는다.

두 개의 영혼을 가진
혼합된 젠더 역할을 맡은 북아메리카 원주민을 일컫는 용어. 전통적으로 캐나다 퍼스트 네이션 토착 부족에서 발견된 집단들을 말한다. '베르다쉬'는 새로 만든 용어인데, 원래 용어는 처음에 식민주의자들이 사용했기 때문에 거부했다.

젠더 다양성 논의에서 중요한 점은 젠더를 그 지역의 생각과 실제에 맞게 젠더를 맥락화하는 것이다.

예를 들어, 젠더 다양성의 공동체는 전통적으로 여러 아메리카 원주민 부족, 예컨대 주니 라마나, 윙크티, 알리하, 화미 같은 부족 안에 있었다. 이런 공동체 구성원들을 처음에는 초기 프랑스 탐험가들이, 그 다음에는 식민지 개척자들이 점점 더 많이 '베르다쉬'라고 불렀다('베르다쉬'는 남자 동성애 관계에서 어린 파트너를 말하는 프랑스 용어였다). 현대의 베르다쉬는 영어로 **두 개의 영혼을 가진**two-spirit 사람으로 알려지는 것을 더 좋아한다. 베르다쉬에는 식민적이고 경멸적인 의미가 있어, '두 개의 영혼을 가진 사람'이라는 포괄적 용어를 선호하는 것이다. 역사적으로, 이들은 보통 자기 부족에서 가치를 인정받는데, 부족 사람들은 남자의 영혼과 여자의 영혼을 지닌 베르다쉬가 축복받은 사람이라고 보았다. 20세기 유럽과 미국 그리고 기독교의 영향이 이런 전통을 무너뜨렸다.

A 2002년 멕시코 후치탄에서 남자친구와 결혼하는 트랜스 여성. 후치탄은 젠더 다양성이 수용되는 가모장적 어촌이다.

B 와리아 공동체의 구성원. 2015년 인도네시아의 요그야카르타에서 스야왈 전통행사 중 화장을 하고 있다.

A

20세기 후반까지도 인류학 연구는 젠더 다양성의 실천이 동성애 욕망을 구현하는 것으로 해석하곤 했다.

아메리카 원주민의 젠더 다양성 공동체 연구 중 일부는 이러한 문화 전통이 동성애 생활양식을 나타낸다고 본다. 특히 두 개의 영혼을 가진 사람들은 생물학으로는 남자지만, 여성의 특징도 띠기 때문에 때로 남성적인 남자와 결혼하지만 그 반대도 가능하다. 아메리카 원주민 부족 중 게이와 레즈비언 구성원 중 일부는 스스로 두 개의 영혼을 가진 사람이라고 명확하게 밝히기도 한다. 대안적인 성 생활과 젠더 생활을 존중하는 문화 전통을 공개적으로 지지하는 것이다. 한편, 이들이 트랜스섹슈얼 문화의 특징을 보인다고 주장하는 또 다른 인류학자들은, 두 개의 영혼을 가진 사람들의 위상이 게이의 조상격은 아닌지 의문을 가진다.

B

그렇지만 '트랜스섹슈얼'은 상대적으로 최근에 나온 서구의
개념이다. 최근 나온 많은 해석에서 주장하듯이, 두 개의 영혼을
가진 사람들이라도 동성애나 트랜스젠더의 역할을 하지 않을 수
있다. 그보다는 서구에서 등가물을 찾을 수 없는 토착 문화의
대안적 젠더 집단이나 성적인 집단이 존재한다는 사실을 사례로
보여줬다고 할 수 있다.

서구 사회에서는 젠더 다양성의 실천을 동성애와 혼동하는 경우가 많다.

A '히즈라 프라이드 2014'의 일부인 재능 쇼를 위해 무대 뒤에서
   준비하면서 함께 춤을 추고 있는 히즈라 무리. 히즈라 프라이드
   2014는 제3의 젠더가 벌이는 퍼레이드로, 방글라데시 정부가
   히즈라 정체성을 인정하도록 캠페인을 벌이고자 시작되었다.

B 반두 사회 복지 협회가
   조직한 '히즈라 프라이드
   2014'. 두 명의 히즈라가
   퍼레이드를 준비 중이다.

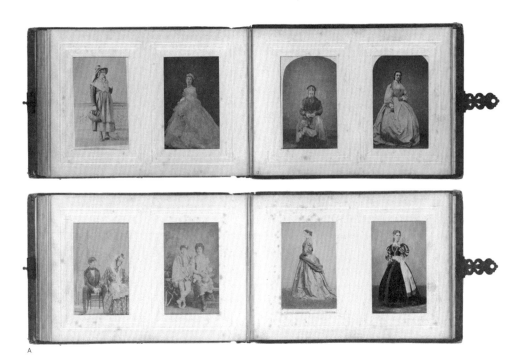

A

이런 혼동이 일어나는 것은 많은 사회에서 젠더와 섹슈얼리티를 밀접하게 연결된 것으로
생각하기 때문이다. 남자에서 여자로 전환하기로 했지만, 전환 과정에서도 여전히 여자에게
매력을 느끼는 트랜스젠더는 사회적 관점에서 보면 남자에서 여자로만 전환한 게 아니라,
이성애에서 동성애로도 전환한 것이다. 그러나 실은, 그녀의 성적 경향은 변한 게 없다.

또 다른 요인은 20세기 유럽과 미국에서 성과학이 발달하던 초기 단계에서도 찾을 수 있을 것 같다. 성과학은 인간의 섹슈얼리티를 연구하면 젠더 다양성인 사람들을 이해할 새로운 방식도 제안했다.

산업혁명 이전의 유럽에서 성 행동의 규제는 도덕 행위의 규제처럼, 종교적이고 영적인 문제라고
생각했다. 그래서 교회의 소관이었다. 섹슈얼리티가 과학적 탐구 주제가 되면서, 성과학은
섹슈얼리티를 종교와 도덕의 틀로 이해하는 것과 완전히 분리했다. 19세기 내내 의사와 과학자는
공동체와 법정에서 성적 정상성과 일탈에 관한 권위 있는 교사 역할을 했다. 철학자 미셸
푸코는 《성의 역사》(1976)에서 19세기에 행위와 행동보다는 유형과 정체성으로 섹슈얼리티를
재규정하는 일이 일어났다고 주장한다.

섹슈얼리티는 우리가 어떤 행동을 했는지 보다는 우리가 누구인지를 나타내는 핵심 양상이 되었다.

섹슈얼리티에 대한 이러한 사고방식은 이분법적 생물학 모델을 반영하고 있었다. 섹슈얼리티는 '정상'과 '일탈'이라는 이원성으로 분류되었다. 결혼을 해서 자식을 낳으려는 이성애의 성은 규범이고, 다른 섹슈얼리티는 일탈이라는 대립물로 이뤄진 것이다. 여러 성적 행동들이 병리적인 것으로 간주되었다. 크로스드레싱과 생활 속의 크로스젠더 행위는 처음에는 동성애와 같은 틀에서 이해되었다. 처음엔 동성애가 그 다음엔 젠더 다양성이 이성애에 대한 열등한 모방행위나 생물학적 결핍의 결과처럼 보였다. 역사상 동성애와 항문 성교는 범죄이거나 비자연적이라고 간주되었지만, 성과학이 등장하면서 동성애와 젠더 다양성 둘 다 일탈로 보는 의료화, 병리화, 의학 근거들이 나타났다.

A 사회역사학자 제임스 가디너가 소장한 사진 콜렉션에서 나온 명함판 사진. 이 19세기 앨범은 1860~70년대 크로스드레싱의 개인적이고 연극적인 행위를 보여준다. 크로스드레싱의 연극적 수행은 빅토리아 시대에 흔한 일이었고, 일상생활에서 여자로 표현된 남자들의 사례도 많다. 그 당시 알려진 '여장 남자 배우'는 동성애 죄목으로 종종 체포되었고, 동성애는 1967년까지 영국에서 불법이었다. 그러나 크로스드레싱은 위법이 아니었다.

A

B

성과학 사고에서 역전invert은 중요했다.

성 역전은 타고난 젠더 특질에 대한 반전을 의미했다. 남자 역전자는 전통적인 여자의 활동과 드레스를 좋아했고, 여자 역전자는 남자의 활동과 바지를 좋아했다. 이런 생각은 저명한 성과학자 헨리 해브록 엘리스Henry Havelock Ellis(1859~1939)가 집필한 《성 심리 연구》(1897~1928)라는 일곱 권짜리 저서로 출판되었다. 엘리스는, 역전이 "타고난 체질적 비정상성 때문에 성적 본능이 뒤집어져 동성인 사람에게 느끼는 성적 충동"이라고 말했다. 비슷한 맥락에서 1898년 성과학자 리처드 폰 크라프트 에빙Richard von Krafft-Ebing(1840~1902)은 동성애가 여자의 성 역전의 결과, 즉 '여자의 젖가슴에 솟구치는 남성 영혼'이라고 기술했다. 초기 성과학에서 젠더와 섹슈얼리티는 태생적으로 연결된 것 같았다. 남자 동성애자는 예술적이고 여성적인 반면, 레즈비언은 예술적이고 남성적이라는 식이었다.

성 역전 개념은 곧 더 넓은 사회로 퍼졌고, 그 대표 사례로 래드클리프 홀Radclyffe Hall(1880~1943)이 쓴 《고독의 우물》같은 문화적 재현물 속에 분명히 나타났다.

A   아일랜드의 소설가, 시인, 극작가인 오스카 와일드. 1895년 런던에서 남색으로 유죄판결을 받았고, 같은 남성 연인에게 보낸 편지가 대중에게 알려진 후 수감되었다.

B   클로드 카훈의 〈자화상〉(1928). 그녀는 작품에서 여러 젠더 다양성의 페르소나를 그렸다.

C   1927년 우나 빈센초, 즉 레이디 트러브리지와 래드클리프 홀. 이들은 런던과 동부 서섹스에서 부부로 함께 살았다. 홀은 반 자전적 소설 《고독의 우물》로 가장 유명하다. 이 소설은 성의 역전을 그렸고, 19세기의 트랜스 정체성과 호모색슈얼 정체성의 혼합을 묘사했다.

이 소설은 '역전된' 스티븐 고든의 이야기다. 고든은 태어났을 때는 여자였으나 남자가 되고 싶어 하고, 자라면서 점점 양성적이거나 젠더 중립적인 성격이 된다. 메리라는 여자와 로맨스 관계도 발전시킨다. 소설에 표현되듯 스티븐은 "근육질 어깨, 작고 다부진 젖가슴, 운동선수처럼 날렵한 옆구리가 있는 자기 몸을 싫어했다. 자신의 영혼을 죄는 괴물의 족쇄 같은 이 몸을 평생 동안 끌고 다녀야" 한다. 해브록 엘리스는 이 소설에 다음과 같은 서문을 썼다. "이것은 완전히 믿을 수 있는 비타협적인 양식으로, 특정한 성 생활의 양상이 오늘날 우리 가운데 있다고 제시한 최초의 영국 소설이다."

이 소설에서 우리는 두 가지 핵심적인 성과학의 영향을 엿볼 수 있다. 첫 번째는 레즈비언을 하나의 역전으로 본다는 생각, 두 번째는 젠더와 섹슈얼리티가 짝을 이루었다는 생각이다.

이 시기에는 비이성애적 행동이나 젠더 다양성 행동과 관련된 성과학 저작과 문화 양식들이 1857년 음란물 법령으로 고발을 당하거나, 불법적인 것으로 치부되었다. 《고독의 우물》 은 이 법령 때문에 금서가 되었고, 재판에서 판결을 내린 판사는 "단호히 말하겠다. 이 책은 터무니없는 명예훼손이며, 읽는 사람을 타락시킨다. 이 책을 출판하는 것은 풍속을 해치는 일이다(…)"라고 말했다.

역전 동성애 남자나 레즈비언 여자를 부르기 위해 초기 성과학 연구에서 개발된 용어. 동성애는 어떤 사람의 외부 젠더 특성이 내부로 반전된 것이라 여겼고, 역전은 젠더와 섹슈얼리티를 융합했다.

당시 젠더 다양성 행동이 법의 규제를 받지는 않았지만, 젠더 다양성은 푸코가 말한 성적으로 '특이한 것의 의료화' 라는 개념에 포함되었다.

크로스드레싱 행동과 크로스젠더 표현의 역사는 길지만, 의학에서 '복장도착'이라는 용어는 1910년에 와서야 생겼고, 이후 1950년에 '트랜스 섹슈얼리티'라는 용어가 만들어졌다.

《복장도착자》는 성과학자 마그누스 히르슈펠트Magnus Hirschfeld(1868~1935)가 저술한 매우 중요한 연구서로, 크로스드레싱을 분류하고 있다. 이 책에서 그는 복장도착이란 주체가 "성기가 규정하는 성이 아닌, 다른 성의 옷을 겉에 입으려는 충동"이라고 정의했다. 해브록 엘리스도 널리 알려진 동성애 욕망과 크로스드레싱의 상관관계를 반대하는 주장을 했다.

A

A 성과학 학회에서 열린 파티에서 파트너와
   사진을 찍은 저명한 성과학자 마그누스
   히르슈펠트. 히르슈펠트는 오른쪽에서 두 번째
   인물로, 콧수염에 안경을 썼다. 파트너인 미술관
   큐레이터 칼 기에즈가 히르슈펠트의 손을 잡고
   있다.
B 동성애 죄목으로 자주 체포되었던
   1930~40년대의 트랜스 여자와 남자 크로스
   드레서. 미국의 사진작가 위지가 찍은 사진이다.

B

크로스드레싱과 크로스젠더를 실천하는 삶은 의료가 개입하는 핵심 지점이 되었고, 이런 의료 개입은 그들을 진단하고 치료하려는 것이었다.

앞 장에서 논의한 것처럼 젠더 다양성인 사람이나 인터섹스들은 힌두 문화 및
일부 아메리카 원주민 부족 문화에서 독특한 종교적 역할을 했다.

고대 그리스 신화에도 양성성androgyny, 크로스젠더 행동, 인터섹스에 관한 많은 언급을 볼 수 있다. 예를 들어, 여신 아프로디테가 인간으로 묘사된 아프로디투스는 젖가슴과 음경을 둘 다 가졌다. 현대 여러 자료들은 아프로디투스에게 희생제물을 바치는 동안 남자와 여자가 복식과 젠더 역할을 서로 바꾸었을 것이고 주장한다.

종교 세계 밖에서 보면, 연극에서 크로스드레싱의 역사는 최소한 고대 그리스까지 거슬러 올라간다. 그리스에서는 남자 배우가 남녀 배역을 둘 다 연기했다. 일본의 가부키극과 중국 원나라 오페라에도 모두 크로스드레싱이 있었다. 르네상스 시대 영국도 마찬가지였다. 〈베니스의 상인〉, 〈뜻대로 하세요〉, 〈십이야〉 등 셰익스피어 드라마 몇 편을 보면 남자 옷을 입은 여자 배역이 나와 이런 전통을 활용한다. 이런 여자 배역은 과거에는 남자 배우가 연기했으니 이중으로 속이는 것이다. 셰익스피어 이후 한 세기가 지나 1700년대에는 상류층 남자들이 정교하게 장식된 옷, 가발, 화장, 보석으로 치장하는 일이 흔했다. 당시에는 부와 명망을 뜻했을 뿐, 이렇게 꾸민다고 해서 동성애의 의미가 숨어 있지는 않았는데 나중엔 그런 의미가 되었다.

A

양성성 남성과 여성 특질의 혼합.
양성성은 젠더가 없거나, 혼합된 젠더
혹은 모호한 젠더를 가진 사람이나
사물을 묘사하는 데 많이 쓰인다.

A 1890년대 두 명의 일본 가부키 배우의 초상.
   한 명은 여자를 연기하고 다른 한 명은
   사무라이를 연기하고 있는데, 두 인물 다 화장을
   하고 치장도 과하다. 전통적으로 가부키는 남자
   역할과 여자 역할을 둘 다 남자가 한다.
B 19세기 영국의 화가이자 일러스트 작가인
   리처드 프레더렉 피커스길의 그림.
   셰익스피어의 희극 〈십이야〉에 나오는 오시노
   공작과 남자로 변장한 연인 바이올라를 그렸다.
   르네상스기 영국에서는 남자 배우가 여자
   역할을 하는 일이 흔했다. 바이올라의 크로스
   드레싱은 문제를 한층 더 복잡하게 만든다.

여자로서는 가질 수 없는 남자의 직업이나 여가활동에 접근하려고, 남자처럼 입고 살았던 여성들의 사례들도 역사에서 찾을 수 있다.

잘 알려진 (그러나 어쩌면 허구일 수도 있는) 사례는, 중국 북부의 화목란(뮬란)이다.
그는 연로한 아버지가 징병을 피할 수 있도록 남자 옷으로 바꿔 입었다고
전해진다. 영국에서는 한나 스넬(1723~92)이 제임스 그레이라는 이름으로
영국 해병대에 입대해 1747~50년까지 군인으로 싸웠다.
스넬은 부상 후 전역했고 군인 연금까지 받았다. 미국의 재즈 음악가
빌리 팁톤(1914~89)은 죽고 나서야 태어났을 때는 여자의 몸이었다는
사실이 드러났다. 팁톤은 성인이 된 지 얼마 되지 않아 여자보다는
남자로 사는 것이 더 기회도 많고 성공 가능성도 클 거라고 결정한 것 같다.

A 〈아침의 장난, 혹은 남녀 두 성 사이의 변화〉(약1780). 이 작품은 어떤 무명의 화가가 (존 콜렛을 본따) 그린 것이다. 군인과 여자가 옷을 맞바꾼 뒤, 아직 다 갖춰입지 못한 상태를 보여준다.

B 약1928년 경 그려진 릴리 엘베의 두 개의 자화상. 이 그림은 덴마크 화가인 그 아내, 게르다 베게너에게 바쳐졌다. 1930년 엘베는 베를린에 있는 성과학 연구소에서 첫 번째 젠더 재배치 수술로 인정받은 수술을 받았다. 이 수술은 저명한 성과학자 마그누스 히르슈펠트가 지휘했다. 수술 후 엘베의 결혼은 무효가 되었다. 당시 법이 두 여자 사이의 결혼은 인정하지 않았기 때문이다.

이런 일상의 사례들은 사회 여러 공간에서 다양하게 나타났다. 이언 매코믹Ian McComick과 같은 성 역사가들은 18~19세기에 어떻게 클럽 몰리 하우스가 남자에게 여자 옷을 입는 공간을 제공했는지에 대해 기록했다. 또한 1920년대에 버지니아 울프Virginia Woolf(1882~1941), 래드클리프 홀과 글루쿠 Gluck(1895~1978)를 포함한 일부 영향력 있는 작가, 예술가, 철학자들이 슈트, 셔츠, 조끼, 타이, 무늬 있는 가죽 구두 등 당시 중산층 남자 복색을 하며 양성성을 표현했다.

1930년대부터 서유럽에서 의료 기술이 발달하면서, 당시 '성전환'이라 불리던 수술이 가능해졌고, 그것은 크로스리빙, 크로스 드레싱만이 아니라, 육체적으로 몸을 바꿀 가능성을 현실화했다.

트랜스 '트랜스젠더'에서 발전된 용어. 트랜스젠더는 모든 젠더 비순응자를 포함하는 포괄적 용어다.

트랜스섹슈얼 젠더 이행을 겪는 여자와 남자. 최근 트랜스섹슈얼이 '트랜스젠더'라는 말로 대체되면서, 특히 '트랜스섹슈얼'은 젠더 확정 수술을 받았거나 받기 원하는 사람들을 의미하게 되었다.

덴마크 화가 릴리 엘베Lili Elbe(1882~1931)는 최초로 독일에서 마그누스 히르슈펠트의 지휘 아래, 지금 알고 있는 젠더 확정 수술을 받은, 공식적으로 알려진 최초의 <u>트랜스</u>trans 여성 중 한 명이다.

몸을 바꾼다는 것은 젠더화된 체현과 정체성을 이해하는 데 변화의 폭이 더 커진 부분이었다.

1960년대에 이르러, 수술 절차가 좀 더 쉬워지면서 '<u>트랜스섹슈얼</u>transsexual'이라는 용어가 수술을 받은 개인들을 설명하는 말로 받아들여졌다. 이 기간은 트랜스젠더 실천에 대한 미국의 연구가 발전한 때이기도 하다. 해리 벤자민Harry Benjamin(1885~1986)의 《트랜스섹슈얼 현상》(1966), 로버트 스톨러Robert Stoller, (1924~91)의 《섹스와 젠더》, 리차드 그린Richard Green(1936~)과 존 머니John Money(1921~2006)의 《성의 재배치》는 이 중 가장 괄목할 만한 연구들이었다.

B

트랜스섹슈얼에 대해 연구한 이런 책들의 공통점은, 그들이 '잘못된 몸'을 가지고 태어난다는 생각이었다.

수술은 적절한 치료로 몸을 젠더 정체성과 맞춰준다는 인식이 자리 잡았다. 변하지 않는 것은 젠더 다양성을 병리적인 것으로 여기는 생각이었다.

《트랜스 남자와 FTM》(1999)에서 트랜스 남성 작가 제이슨 크롬웰은 초창기 성전환 정보 검색에 대해 말한다. "자료를 찾아보니 호르몬 주사를 맞거나 수술을 받을 가능성에 대해 내게 잘못이 있다고 했다. 사실 나는 성전환을 마음의 병(도착, 수차례의 우울증과 편집증뿐 아니라 정신병, 신경증, 분열증, 망상)으로 인정하지도 않고, 몸을 절단하는 외과 수술을 받을 것도 아닌데 말이다."

A 베를린에 있는 히르슈펠트 성과학 협회에서 있었던 학생 행진. 1933년 독일 학생회는 비독일 정신에 반하는 행동을 선언했다. 이 학생들은 독일의 순수성을 훼손한다고 여기는 과학책과 문헌들을 불태웠다. 나치즘의 조짐을 예고하는 행동이었다.

B 1950년대에 조지 조르겐센. 덴마크에서 여러 차례 젠더 재배치 수술을 받고자 뉴욕으로 왔다. 이 사진들은 젠더 이행의 '비포'와 '애프터'에 대한 언론의 고정성을 보여주는 전형적 사례다, 이 고정성은 오늘날에도 여전하다.

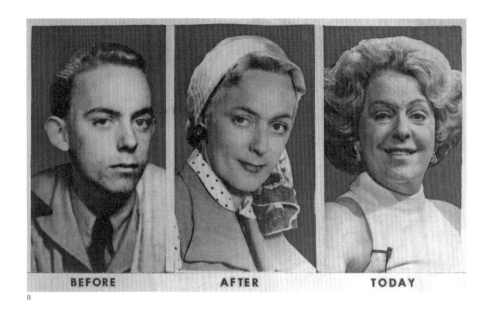

20세기 초반을 지나면서 섹슈얼리티와 젠더를 이해하는 데
상당한 변화가 있었음에도, 성과학을 통해 만들어진 모델은
쉽사리 바뀌지 않았다.

젠더와 섹슈얼리티에 대한 이해는 계속 뒤엉켜 있고, 현대의 많은 연구에서 여전히 섹슈얼리티는 젠더와 연결되어 있다.

이를 테면, 사이먼 르베이Simon LeVay(1943~)와 같은 사회생물학자는 '젠더 게이'
이론을 제안했는데, 이 이론은 남성 동성애 경향이 뇌의 특정 세포 크기가 다르기 때문에
생긴다고 주장한다. 딘 해머Dean Hamer(1951~)도 유전학 이론에서 성적 행동의
생물학적 모델을 제안했다. 게이 남성이 이성애 남성보다 X염색체가 적다는 주장이다.
남성 동성애를 남자의 생물학적 성의 양상과 연결하면서, 게이 남성은 유전적으로
이성애 남성보다 더 '여성적'이라고 암시하는 것이다.

게이 남성이 '그렇게 태어난다'는 생각은 LGBTQI 공동체의
일부에서 차별에 반대하는 주장의 근거로 인기를 얻었다.

그러나 섹슈얼리티에 대한 생물학적 모델에는 반대자들이 많다.
젠더의 생물학적 모델에 대한 반대자들만큼이나 말이다.

1940~50년대에 성과학자 알프레드 킨제이Alfred Kinsey(1894~1956)는《킨제이 보고서》
를 출간하면서, 섹슈얼리티가 하나의 연속체라고 주장했다. 한쪽 끝(이성애자) 아니면, 다른
한쪽 끝(게이/레즈비언)에 있는 사람도 있지만, 많은 사람들이 이 연속체 중 여러 다른 지점에
분포한다고 말했다. 그는《인간 남자의 성적인 행동》(1948)에서 사람들이 "두 개의 분명히
구분되는 집단, 즉 이성애자와 동성애자를 나타내는 것은 아니다"라고 주장했다. 이 세계를
양과 염소로만 나눌 수는 없다. 자연은 분명한 범주를 다루는 거의 다루지 않는다는 게
분류학에서는 기본 원칙이다.

사회과학의 연구들도 섹슈얼리티가 유동적이고, 자기 섹슈얼리티는 본인이
선택할 수 있고 또 선택한다고 주장한다.

A 1948년에 나란히 출간된 성과학자
   알프레드 킨제이의 연구보고서
   《인간 여자의 성적 행동》과《인간
   남자의 성적 행동》. 이 두 저작은
   '킨제이 보고서'로 널리 알려졌다.

B 로렌스 라리아가 집필한《오!
   킨제이 박사》(1953). 알프레드
   킨제이와 그의 연구원들이 했을
   법한 여러 질문을 대하는 여성들의
   코믹한 반응을 묘사한 사진집이다.

킨제이 보고서는 혼외 성관계,
동성애 행위, 부정행위라는
'일상적 사건'에 관심을 가졌다.
이 보고서는 1950년대 미국
사회에 충격과 파장을 일으켰다.

2006년 사회학자 린다 가네츠와 앤 페플로는 여성 섹슈얼리티에 대한 연구를 했는데, 그 결과 여자의 성적 경향은 고정되기보다는 유연하다는 사실을 알게 되었다. 여성 섹슈얼리티가 "여자의 교육, 사회 지위, 권력, 경제적 기회, 여자의 역할에 대한 태도"와 같은 인생 경험과 사회, 문화적 요인으로 형성된다고 주장했다. 이런 관점에서는 젠더 정체성과 경험이 변화할 수 있듯이, 성 정체성, 욕망, 행동도 사람이 사는 동안 얼마든지 달라질 수 있다.

젠더와 섹슈얼리티 모두 하나의 스펙트럼을 따른다고 생각할 수 있다. 혹은 두 개의 별개이긴 하지만, 밀접하게 연결된 스펙트럼을 따라 존재하는 것으로도 생각할 수 있다.

그러나 이런 비유는 **무성애적**asexual 혹은 무젠더인 사람의 경험을 제외하고 있다. 무성애와 무젠더라는 용어 모두 최근에 통용되기 시작했다.

LGBTQI 레즈비언, 게이, 바이섹슈얼, 트랜스젠더, 퀴어(혹은 미심쩍은 사람), 인터섹스를 의미하는 약자. 이 약자를 더욱 포괄적으로 만들기 위해 다른 글자나 상징도 추가될 수 있다. 예를 들어, 'A'는 무성애적 사람이나 무젠더인 사람을, '*'은 다양한 범위의 가능한 정체성과 성적 경향을 뜻한다.

무성애 거의 혹은 아예 성적 매력이나 욕망을 느끼지 않는 사람. 무성애는 이성애나 동성애 같은 하나의 성적 경향이다. 무성애인 사람은 로맨틱한 끌림을 느끼거나 느낄 수도 느끼지 않을 수도 있는데, 이것은 성애적 매혹과는 다르다.

A	섹스	
남성	인터섹스	여성

	젠더 정체성	
남자/소년	트랜스젠더/젠더 퀴어/두 개의 영혼/그 외,	여자/소녀

	젠더 표현	
남성적	양성적	여성적

	성적 경향	
여자에게 끌리는	모두에게/양성에게/아무에게도 안 끌리는	남자에게 끌리는

무성애 경향이 새로운 것은 아니지만, 인터넷이 무성애 공동체의 발달을 가능하게
했다. 2001년에 가장 큰 규모의 무성애 공동체인 '무성애 가시성과 교육 네트워크
AVEN'가 창립되었다. 무성애 공동체에 대한 대중적 수용과 논의를 만들고 무성애
공동체의 성장을 촉진하기 위해서였다. 무성애 공동체 중 일부에서 무성애를
하나의 성 정체성으로 뚜렷하게 만들고자, 무성애Asexual의 머리 글자 'A'를
레즈비언, 게이, 바이섹슈얼, 트랜스젠더, 퀴어, 인터섹스의 약어인 LGBTQI에
추가하려 했다.

그에 따라, '무젠더'라는 용어는 젠더
정체성이 없다고 생각하는 사람들을
뜻하는 용어로 사용되었다.

A 알프레드 킨제이의
스펙트럼. 그는 자신의
연구가 동성애 대
이성애라는 이분법을
표현하기보다는, 하나의
스펙트럼에서 작용하는
인간 섹슈얼리티를
보여준다고 말했다.
스펙트럼은 비슷한
방식으로 작동하는
젠더의 다른 양상들을
보여준다. 직선 문양의
스펙트럼은 비이분법적
젠더가 남자와 여자라는
양극단 사이 어디엔가
있다는 의미지만, 여전히
젠더 이분법을 말하고
있다.

B 젠더 정체성을 나타낸
비직선 도형. 남자와
여자의 이분법
모델보다는, 서로
겹쳐지거나 상호작용할
수 있는 일련의
가능성으로 젠더
정체성을 표현한다.

C 섹스와 섹슈얼리티
간에 가능한 관계들을
보여주는 도형. 남자와
여자 그리고 인터섹스
변형체들을 포함한다.
그러나 무성애를
설명하지는 않는다.

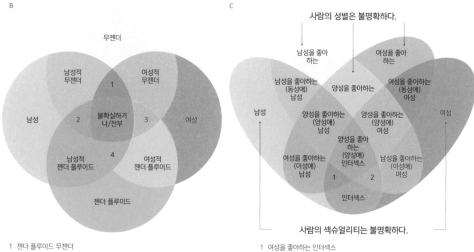

B

무젠더

남성적
무젠더

여성적
무젠더

1

남성

2

불확실하거
나/전부

3

여성

남성적
젠더 플루이드

4

여성적
젠더 플루이드

젠더 플루이드

1 젠더 플루이드 무젠더
2 불확실하고/불확실하거나 무젠더/젠더 플루이드 남성적/젠더퀴어
3 불확실하고/불확실하거나 무젠더/젠더 플루이드/여성적/젠더퀴어
4 젠더 플루이드 무젠더

C

사람의 성별은 불명확하다.

남성을 좋아
하는

여성을 좋아
하는

남성을 좋아하는
(동성애)
남성

양성을 좋아하는

여성을 좋아하는
(동성애)
여성

남성

양성을 좋아하는
(양성애)
남성

양성을 좋아하는
(양성애)
여성

여성

양성을 좋아
하는
(양성애)
인터섹스

여성을 좋아하는
(이성애)
남성

1

2

남성을 좋아하는
(이성애)
여성

인터섹스

사람의 섹슈얼리티는 불명확하다.

1 여성을 좋아하는 인터섹스
2 남성을 좋아하는 인터섹스

정의상 '스펙트럼 바깥에' 있는 젠더 플루이드와 젠더 플럭스 같은 정체성만이 아니라, 무젠더와 무성애적 정체성까지 스펙트럼에 포함시키면 젠더 정체성과 성적 경향 둘 다, 사람마다 매우 다른 복잡한 특질의 복합물이라는 생각이 타당할 것이다. 개인의 특질은 '더 여성적'일 수도 있고, '더 남성적'일 수도 있으며, 둘 다 아닐 수도 있다. 혹은 '더 이성애적'일 수도, '더 동성애적'일 수도, 둘 다 아닐 수도 있다. 사람은 '더 남성적인' 젠더 관련 특질을 많이 가졌지만, '더 여성적인' 특질도 일부 있고(혹은 그 반대일 수도 있다), 거기에다 균형적 특질 하나나 '젠더 중립적' 특질 다수를 가지고 있을 수 있으며, 그런 식으로 이런 특질이 섹슈얼리티와 연관될 수도 있다. 이런 특질들이 합쳐져서 한 사람의 젠더 정체성과 성적 경향을 형성한다. 이런 이해가 늘어나다 보니, 넓은 범위의 여러 가능한 조합 때문에 젠더 정체성과 성적 경향을 설명하는 용어가 최근 증가했다.

젠더 복합성에 대한 인식이 확산되면서, 젠더를 유동적인 것으로 보려는 관념이 더 일반화되었다. 이런 인식은 영국과 미국의 셀럽 문화 안으로까지 파고들었다. 배우 마일리 사이러스(1952~)는 젠더 정체성이 유동적이라고 말하며, 이렇게 주장했다. "지금은 여러분이 되고 싶은 건 뭐든 그냥 될 수 있어요." 《아웃》지와 인터뷰하면서 사이러스는 "전 사람들이 여자나 남자로 규정한 것에 개의치 않아요. 내가 알아야 했던 게 바로 그거라고 생각해요. 여자가 된다는 걸 미워한 게 아니에요. 그건 내가 들어가게 된 상자죠."라고 덧붙였다.

A

배우 틸다 스윈튼Tilda Swinton(1960~)도 여자나 남자라는 규정에 저항하며, 최근 한 인터뷰에서 이렇게 말한다. "내가 정말 여자라고 말할 수 있긴 한건지 잘 모르겠어요. 전 오랫동안 약간은 남자였거든요. 저도 모르겠어요. 누가 알죠? 그건 변하는데요." 호주의 배우이자 모델인 루비 로즈Ruby Rose(1986~)도 비슷한 말을 한다. "저는 젠더 플루이드여서 매일 아침 눈을 뜨면 뭐랄까 젠더 중립적인 것처럼 느끼기도 해요."

밴드 '타이거 앤 맨'의 멤버 JD 샘슨(1978~)은 '포스트 젠더'를 말하면서 여자/남자의 젠더 이분법이 시대에 뒤떨어진 거라고 한다. 자신의 젠더가 유동적이라고 밝히는 사람들이 젊은이들만은 아니다. 코미디언 에디 이자드(1962~)는 "완전한 남자 하나 더하기 여자 반"이 되는 것을 이야기했고, 예술가 그레이슨 페리(1960~)는 자신의 또 다른 자아 클레어로 종종 나타난다. 음악가 피터 타운센드(1945~)는 "저는 여자라서, 여자가 어떤 기분인지 알아요. 그러니 단순히 남자로 분류될 순 없을 거예요." 브라질 모델 레아 티(1981~)와 캐나다 작가 레스푼(1982~) 등 영국, 호주, 미국 외 많은 유명인사가 비이분법적 젠더 동일시에 대해 말한다.

젠더 다양성에 대한 인식이 커지고는
있지만, 젠더 다양성은 여전히 논쟁의
여지가 많은 주제다.

특히 아동의 젠더 불만감은 의학적 관심이 쏠려 있는 주제이자, 문화적 가시성을 얻으면서 논의를 촉발시킨 이슈다.

물론 모든 아이가 젠더 유형화에 순응하며, 그것을 내면화하는
것은 아니다. 그렇지만 젠더화된 규범에 맞게 행동하지 않는 아이들은
또래들에게 소외를 당하거나, 교사나 부모의 꾸중을 듣기도 한다.
이것은 청소년들이 낮은 자존감을 갖게 만들어 자해를 하거나
심지어 자살까지 하게 만들 수 있다. 자선 구호단체 스톤월의
보고서에 따르면, 10명 중 8명의 청소년 LGBTQ들이 따돌림을
당한 결과 자해와 자살을 시도해봤다고 한다. 또한 집 없이 떠도는
불안한 상황 때문에 나쁜 영향을 받기도 쉽다.

B

A   영국의 뮤지션 데이비드 보위가 1971년 아내 앤지, 세
    살 된 아들 조위와 함께 찍은 사진. 폭넓은 치마바지에
    터키식 면 셔츠를 입고 펠트 모자를 쓰고 있다. 론
    버튼이 찍어 널리 배포한 이 사진들은 젠더 경계에
    도전하는 부모를 보여준다.
B   2004년에 열린 '가디언 헤이 페스티벌'의 클레어.
    터너상을 수상한 미술가 그레이슨 페리의 또 다른
    여성 자아다. 그는 어린아이 때부터 크로스드레싱을
    해왔으며 점차 대담하게 클레어에 대한 표현을
    발전시켰다. "내가 옷을 차려입는 것은 내 잠재의식의
    문장학(*heraldry, 가문의 문장과 역사를 연구하는
    학문)이라고 생각한다."

런던에 있는 GIDS(젠더 정체성 발달 서비스)는 자신의 젠더를 걱정하는 아이들을 전문으로 상담해준다. GIDS는 1982년에 문을 열었는데, 그 해에 두 개의 위탁업체가 생겼다. 2015~16년에 위탁업체는 1,400곳 있었고, 그 전 해보다 두 배 늘었다. 이들 중 거의 300개가 12세 이하의 아동을 위한 곳이다. 캐나다에서는 2016년에 자신의 젠더를 태어날 때 부여받은 것과 다른 것으로 인정받기를 원하는 청소년들이 가정 법원에 인정을 요청한 사례가 600퍼센트나 증가했다. 문화적 가시성과 변화하는 사회 태도는 가족, 학교 그리고 아이들 자신이 젠더 다양성에 관해 더 큰 지식을 가지고 있음을 의미했다.

예를 들어, 스웨덴에서 젠더 다양성으로 차별하는 데 반대하는 정책은 젠더 중립적 유치원의 발달로 이어졌다. 이 유치원은 가르치는 모든 것에서 비젠더의 입장을 고수한다. 젠더 고정관념이 있는 책은 사용하지 않는다. 모든 아이들은 모든 활동에 참여하도록 권장된다. 그리고 비젠더화된 대명사 'hen'이 'he'나 'she'만큼 흔하게 쓰인다. GIDS에 온 아이들을 포함해 아동 젠더 정체성을 전공한 많은 전문가들이 이런 접근방식을 선호한다. 그렇지만 아동의 젠더 다양성을 인정하려는 움직임은 대단히 논쟁적인 사안이다.

A

어떤 관점에서 보면, 아이들은 자연스럽게 젠더 다양성을 보인다. 젠더 이분법 체계를 그들에게 강제하는 것은 사회일 뿐이다. 이러한 입장에서는, 자신의 젠더를 걱정하는 많은 아이들을 벌써 오래 전에 지원 센터에 보내졌어야 했다는 신호로 읽을 수 있다. 젠더 다양성의 아이들이 이제야 자신에게 필요한 관심을 받고 있다는 신호 말이다.

다시 말해, 아이들이 트랜스젠더가 되는 경향이 커진 것이 아니다. 이제 더 이상 트랜스젠더 아이들이 침묵 속에 고통받지 않겠다는 의미다.

A 네덜란드 사진작가 사라 웡의 〈인사이드 아웃: 크로스젠더 아동의 초상〉. 진행 중인 연작 사진.

왼쪽부터 오른쪽으로 '백마 탄 공주' '소녀' '수영복을 입은 소년' '소년'이다. 이 프로젝트는 2003년 한 무리의 네덜란드의

트랜스젠더 아동들이 각기 새로운 정체성을 모색할 때 웡이 그들을 따라다니기 시작하면서 이루어졌다.

웡은 "이 사진에 여러분이 보는 모든 여자애는 남자로 태어났고, 모든 남자애는 여자로 태어났다"고 말한다.

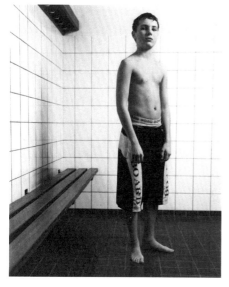

A

또 다른 관점에서 보면 걱정할 이유도 있다.

어떤 사람들은 아이들이 이런 문제에 대해 이해력이 부족하다고 주장하면서
아동이 자신을 젠더 다양성으로 밝힐 수 있다는 생각에 격렬히 반대한다.
웨스턴시드니대학의 소아과 교수인 존 화이트홀은 **젠더 불만감**gender dysphoria
이라는 진단이 아동 학대라고 주장했다. 아울러 이러한 진단이 "아이들의 정신과
몸에 심각한 침해"가 된다고 말한다. 트럼프 행정부의 사법부 후보 제프 매티어
Jeff Mateer는 미국에서 일어난 이런 논쟁에서 언성을 높였고, 트랜스젠더
아이들이 '사탄의 계획' 일부라고 말해 악명이 높다.

세계 각지의 토착적인 제3의 젠더 공동체 구성원부터 전 세계 역사에서 크로스
드레싱을 해온 사람들까지, 크로스젠더 몸의 변경 기술 발달부터 비이분법적
젠더 선언에 이르기까지, 이 장에서는 젠더를 개인과 주관의 층위에서
다양하게 경험할 수 있고 유동적으로 실천할 수 있음을 살펴보았다.

분명하게 말할 수 있는 것은 젠더가 생물학적 섹스, 우리가
수행하는 사회적으로 구성된 역할, 한 사람의 개별적
정체성, 아니면 이 셋 모두의 조합이건 간에, 젠더는
유동적이라는 사실이다.

생물학적 성이 완전히 남자나 여자로만 제한되는 것은 아니다.

사회화된 젠더 역할은 다른 시대 다른 문화에서도 혹은 한 시대
한 사회에서도, 고정되거나 일관되지 않다. 사람들의 젠더
정체성이 항상 사회 규범과 일치하는 것도 아니고, 평생 살면서
변하지 않는 것도 아니다. 점점 더 많은 수의 사람들이 이 사실을
깨닫게 되었고, 젠더 행동주의와 여러 옹호 운동이 증가하고 있다.
이같이 집단적이고 개인적인 젠더 행위능력은 4장에서 다룰 것이다.

젠더 불만감 젠더 관련 의학
용어. 사람의 감정적 정체성과
체현된 정체성이 태어날 때
지정된 것과 다르다는 것을 느낀
경험을 서술하는 데 쓰인다.

A   2017년 미국을 투어한 트랜스 반대
'자유 연설 버스'. 이 버스는 투어 중
저항에 부딪혔다. 뉴욕에 도착했을
때 그런 저항의 하나로 트랜스를
찬성한다는 낙서를 달고 있다.
B   제시카 허셀의 《나는 재즈다》(2015).
트랜스젠더가 된다는 것에 관해 쓴
아동서인데, 어린아이일 때 젠더
이행을 경험한 재즈 제닝스의 인생
경험을 그리고 있다.

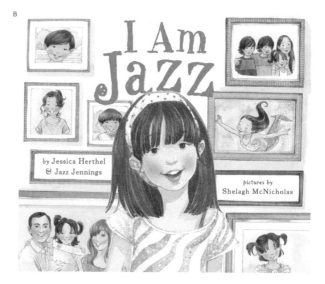

B

I Am Jazz

by Jessica Herthel
& Jazz Jennings

pictures by
Shelagh McNicholas

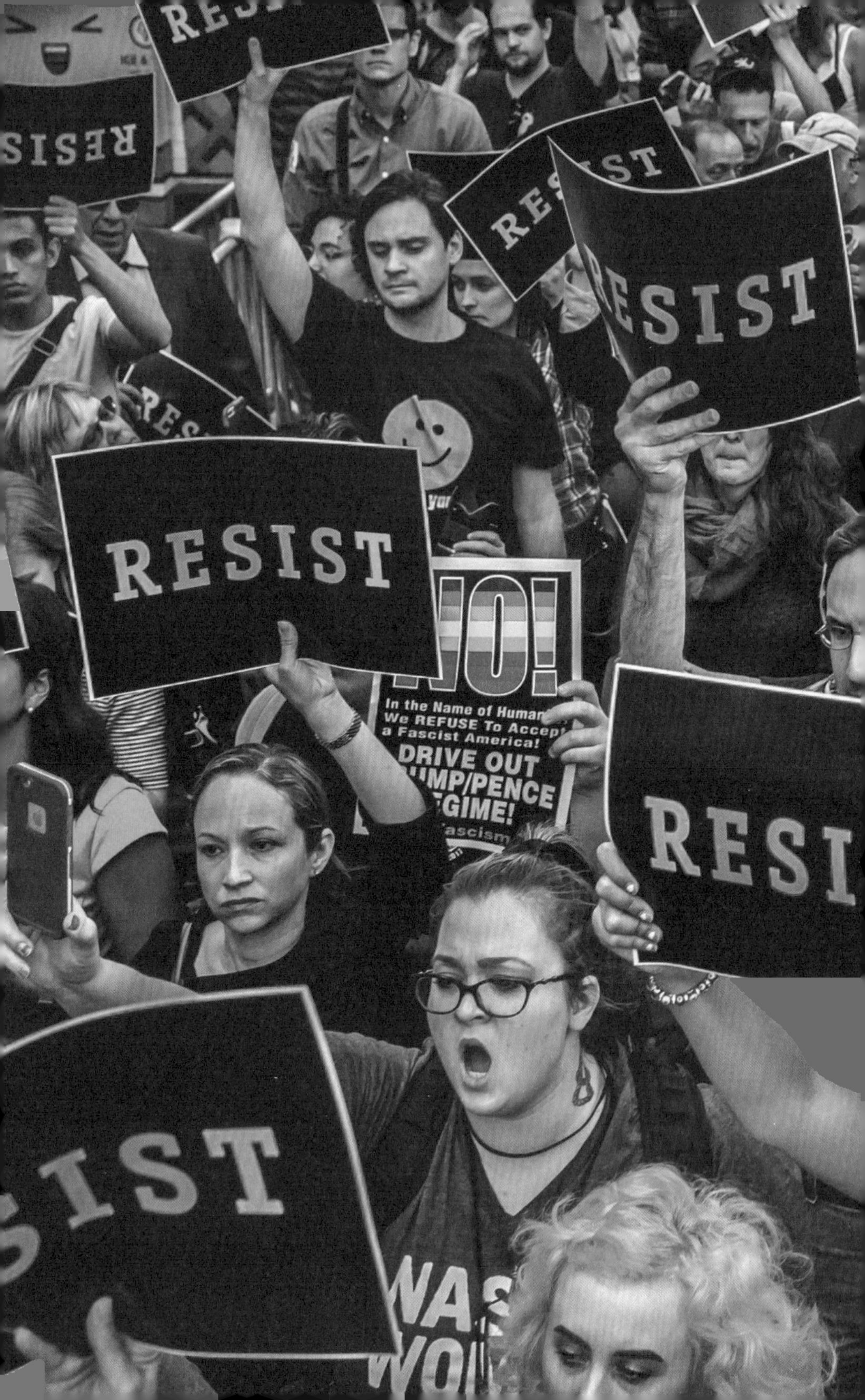
RESIST
RESIST
RESIST
NO!
a Fascist America!
DRIVE OUT

4. 젠더 행동주의

《여성과 (여성) 시민의 권리 선언》 올랭프 드 구즈가 1791년에 쓴 소논문. 그녀는 제헌국민의회가 채택한 획기적인 시민의 권리선언인, 《인간(남성)과 시민의 권리 선언》을 중심으로 프랑스 대혁명이 여성의 권리를 인정하는 데는 실패했다는 것을 드러내고자 이 논문을 썼다.

A

한편으로는 젠더 다양성만큼이나 오랫동안 젠더 행동주의도 있었다.

앞 장에서 말한 젠더 다양성의 많은 사례가 스스로 젠더를 밝힐 권리를 옹호하는 개인과 공동체를 포함하고 있었다.

그러나 대부분 현대 젠더 행동주의 운동은 근대에 (18세기 후반 유럽과 미국에서) 일어난 페미니즘과 (19세기 후반 성과학을 통해 초기 LGBTQ 권리와 밀접히 연관되어 있던) 근대 트랜스 권리 운동의 발달에 그 뿌리를 둔다.

18세기 후반에 메리 울스턴크래프트(1장 참조)와 올랭프 드 구즈Olympe de Gouges(1748~93) 등은 여자도 남자와 똑같이 대우받을 권리를 공개적으로 지지하기 시작했다. 울스턴크래프트가 《여성의 권리 옹호》를 출간하기 한 해 전인 1791년에 드 구즈는 《여성과 (여성) 시민의 권리 선언Declaration of the Rights of Woman and of the [Female] Citizen》에서 "자연의 조화 속에 있는 성적인 특징들을 보면, 이 특징들은 어디서나 혼합되어 나타나며 어디서나 조화롭게 협동한다는 것을 여러분도 알게 될 것이다(…)"라며 남자들의 고찰을 촉구했다. 그녀는 많은 저작을 남긴 작가로 여성 권리를 인간의 자연권이라는 더 넓은 범위의 일부로 보았다.

여성 권리를 분명하게 논의하기 시작한 근대 초기에도, 젠더 행동주의가 서양 상류층 백인 여성의 행동에만 한정된 것은 아니었다.

교차성은 특히 젠더와 인종의 교차를 이론화하는 데 있어서, 흑인과 탈식민주의 페미니즘 글쓰기에 중요했다. 예컨대 흑인 페미니스트들은 흑인 여성이 직장에서 인종과 젠더에 근거해 차별받는 방식에 주목했다. 페미니즘 초창기에는 많은 활동가들이 노예제를 반대하는 개혁과 사회 정의 운동을 연결시켰다.

A 장 밥티스트 레제르가 만든 〈여자들의 애국자 클럽〉(애국 여성들의 클럽)(1791). 1791~93년까지 프랑스 여자들은 남자와 똑같은 정치적 권리를 주장하는 공화주의 정권과 캠페인을 지지하기 위해서 이 그림과 같은 집단을 만들었다. 이런 대의를 지원하고자 여자들이 동전을 기부하는 장면이다.

B 노예제 반대를 위한 사기 및 도기 메달 표본. 1787년 웨지우드 사의 윌리엄 해크우드가 노예제 반대 운동에 따라 배포하려고 디자인한 것이다. "나는 남자가 아니고, 형제가 아닙니까?"라고 새겨져 있다. 이 메달은 노예제 폐지라는 대의의 상징이 되었다.

소저너 트루스Sojourner Truth(1797~1883) 사례는 젠더와 인종이 교차하면서 불이익을 주는 방식을 보여준다.

그녀는 '나는 여자가 아닌가요?' 연설로 유명하다. 이 연설은 1851년 5월 오하이오 주의 여성 권리 회의에서 이루어졌다. "저기 있는 남자들 말로는 여자는 마차에 탈 때 도움을 받아야 하고, 도랑을 건널 때 안아서 건너게 해줘야 하고, 자리는 어디든 제일 좋은 데 잡아야 한대요. 그런데 아무도 내가 마차에 탈 때나 진흙 웅덩이를 건널 때 도와주지 않고, 내게 제일 좋은 자리를 주지도 않아요. 나는 여자가 아닌가요? 날 봐요! 내 팔을 봐요! 나는 밭을 갈고 씨를 심고 헛간에 수확물을 거두어도 아무도 나를 끌어주지 않았어요. 나는 여자가 아닌가요? 난 가능한 한 남자만큼 일하고, 먹고, 매질도 참아냈어요! 그럼 난 여자가 아닌가요? 난 13명의 아이를 낳았고 그 아이들 대부분이 노예로 팔려가는 것을 보았어요. 엄마라는 고통으로 울부짖었을 때 예수님 외에는 누구도 내 말을 듣지 않았어요. 그럼 나는 여자가 아닌가요?"

트루스는 '나는 여자가 아닌가요?'라는 반복된 수사적 질문으로 젠더 정체성을 주장한다. 그러나 그녀가 지적하는 것은, 백인 남자나 여자는 트루스가 여성성을 상징한다고 보지 않는다는 점이다.

사회학자 게일 루이스Gail Leais와 앤 피닉스Ann Phoenix는 〈인종, 민족성 그리고 정체성〉(2004)에서 "그녀의 짧은 연설은 여자가 반드시 남자보다 약하고, 노예가 된 흑인 여자는 진정한 여자가 아니라는 본질주의적 사고에 강한 이의를 제기한다"며 트루스를 언급한다.

19세기 후반과 20세기 초반 트루스와 해리엇 터브맨Harriet Tubman(1822~1913) 같은 여성들의 행동주의는 유럽과 북미 대륙 참정권 운동에 영향을 미쳤다. 이 참정권 운동은 여자들을 선거인명부에서 배제하는 행위에 이의를 제기하게 만들었다.

합당한 젠더 역할을 둘러싼 생각들은 1, 2차 세계대전 동안 변화를 거듭했다. 남자들이 군 복무를 하느라 빠져나가 생긴 틈을 메우기 위해 산업체와 육체 노동계에서 여자들이 일해야 했다. 평화가 찾아오면 다시 가정이라는 가사 영역으로 돌아갈 것이라고 기대했지만, 여자들이 두 번의 전쟁을 치르면서 독립을 해본 경험이 변화를 이끌었다. 그리고 변화 과정에서 젠더 역할의 고정성이 풀리고 젠더가 무엇인지에 대한 해석도 새로 만들어졌다. 영국에서 21세 이상 여성의 참정권은 1928년에서야 가능해졌다.

소저너 트루스
(1797~1883년경)
뉴욕에서 태어난 한 여자가 스스로 붙인 이름. 트루스는 1828년 뉴욕 주에서 노예해방령이 입법화되기 전에 노예살이를 피해 도망쳤다. 초기 여성의 권리 운동에 중요한 역할을 했다.

계약에 의한 권리와 시민권의 평등에 초점이 맞춰진 이 시기는 흔히 **제1의 물결 페미니즘** first-wave feminism이라 부른다. 이는 영국과 미국에서 1960년대 후반~1970년대에 일어난 **제2의 물결 페미니즘**second-wave feminism 발달에 추진력을 제공했다. 행동주의는 이 시기에 파급력을 가졌다. 미국에서 전미 여성 기구, 전미 낙태법 폐지 협회, **컴바히 강 단체**Combahee River Collective와 같은 조직들은 결혼과 재생산의 권리, 가족과 직장에서의 평등, 섹슈얼리티 그리고 여성에 대한 폭력 종식 등에 중점을 두었다.

제1의 물결 페미니즘 19~20세기 초의 조직화된 페미니즘 운동. 제1의 물결 페미니즘은 투표할 권리(참정권), 여성들이 재산을 소유할 권리, 이혼할 권리, 자녀양육권과 같은 법적 문제에 초점을 맞추고 있었다.

제2의 물결 페미니즘 1960년대 후반~1980년대 초반까지의 기간에 일어난 페미니즘 운동. 이 시기는 페미니즘을 다루는 범위가 넓어져 실질적인 불평등, 섹슈얼리티, 재생산 권리까지 포함되었다.

컴바히 강 단체 흑인 페미니즘 집단. 그들 중 많은 이들이 백인 페미니즘 운동 안의 인종주의에 반대하는 레즈비언이었다. 이들은 억압을 다루는 교차적 접근을 촉구한 최초의 문건 중 하나인 '컴바히 강 단체 선언서'를 만들었다.

A 1974년 펜실베이니아 주, 피츠버그에서 있었던 재생산권 시위 광경. 낙태에 대한 대립적 견해가 나타나 있다. 이 시위는 1973년 선택적 낙태를 허용한 로우 대 웨이드 사건의 대법원 결정에 이어서 발생했다.
B 《트랜스베스티아》의 1963년도 표지 사진들. 1963년 판은 "자신에게 '다른 이면'이 존재함을 발견하고 표현하려는, 성적 정상인이 필요하다는 데 바친다"고 되어 있다.

제2의 물결 페미니즘은 LGBTQ와
연대하고 게이와 레즈비언,
트랜스젠더의 권리에 집중하는
단체들과 출판물로 더 많은 사람들의
지지를 얻기 시작했다.

미국은 **루이스 로렌스**Louise Lawrence(1943~2013)
와 버지니아 프린스Vurginia Prince(1912~2009)
라는 선구자들이 있었다. 로렌스는 1950년대에
유럽과 미국에서 트랜스젠더 네트워크와
소통했고, 프린스는 1960년에 영향력 있는
잡지 《**트랜스베스티아**Transvestia》를 창간했다.
수잔 스트라이커Susan Stryker(1961~)를 포함한
이론가들은 잡지 창간 전에 출간한 책
《트랜스베스티아: 옷의 평등을 위한 미국 협회
저널》(1952)이 미국에서 트랜스젠더 권리 운동의
시작을 알렸다고 생각한다. 1969년에 트랜스젠더
활동가들은 뉴욕의 **스톤월 항쟁**Stonewall Riots에서
중심 역할을 했고, 그 항쟁이 LGBTQ 권리의에 대한
대중 의식의 저변을 넓혔다. 더 많은 수의 활동가
조직이 스톤월 항쟁 이후 만들어졌다.

루이스 로렌스　　선구적 트랜스젠더 여성.
로렌스는 1940년대 초반부터 계속 여자로
살았다. 크로스 드레서와 트랜스젠더
사람들을 모아 폭넓은 네트워크를
조직했다. 알프레드 킨제이와 해리
벤자민과 같은 연구자들을 돕기도 했다.

트랜스베스티아　　이성애자인
복장도착자를 대상으로 한 독립 잡지.
1960년대에 트랜스젠더 활동가 버지니아
프린스가 창간했다. 독자들은 자신의
이야기와 사진을 보내 잡지에 실을 수
있었다.

스톤월 항쟁　　1969년 경찰과 LGBT 단체
구성원들 사이에 벌어진 일련의 시위와
폭력 대립. 뉴욕의 스톤월 바에서 경찰의
현장 단속으로 일어났다. 스톤월 항쟁은
행동주의를 발생시킨 기폭제가 되었다.

B

해시태그 미투
2006년에 활동가 타라나 버크Tarana Burke(1973~)가 시작한 운동. 2017년 영화제작자 하비 와인스타인의 수많은 폭행 혐의에 대한 대응으로 유명해졌다. 수많은 여자와 남자가 성폭행이나 성희롱을 경험한 적 있다는 사실을 폭로하기 위해 소셜미디어에 이 해시태그를 사용했다.

A

젠더가 생물학적으로 '타고난hard-wired' 것이라는 생각에서 유연하고 변할 수 있는 사회 구성물로 이해하게 된 이런 변화는, 20세기 후반 몇 십 년간 페미니스트와 LGBTQ 단체가 이루어냈다. 페미니즘 운동에서는 젠더 역할이 고정되어 있다는 생각에 문제제기를 하는 것이 중요했다. 그러한 문제 제기는 남녀 사이의 불평등이 어떤 식으로든 미리 결정되어 있다는 이론에 도전하는 일이기 때문이다. 이는 LGBTQ 단체에 있어서도 마찬가지로 중요한 문제였다. 시스젠더와 이성애의 '규범' 외부에 있는 젠더 역할과 성적 경향의 존재를 허용하는 일이었기 때문이다.

행동주의는 약화되지 않고, 20세기 후반 내내 계속되었다. 제2의 물결 페미니즘에 이어서 1990년~2000년대에 더욱 다양한 제3의 물결이 이어졌고, 서구에서는 최근의 페미니즘 운동('제4의 물결' 페미니즘이라고도 불리는)이 계속 다각화되고 있다.

해시태그 미투#MeToo 운동과 같은 동력은 특히나 전문직
영역에서 남녀 권력 역학의 불균형을 살피면서,
성폭력과 성추행에 집중한다. 직장에서 더 높은 수준의
평등 보장을 모색하면서, 보육 제공 문제 및 남녀 모두에게
유연한 작업 환경을 채택하라는 문제와도 결합된다.

많은 페미니즘 운동이 일어나 양육과
가사를 계속 '여자의 일'로 규정하고,
본질적으로 가치가 덜한 것으로
만드는 고정관념에도 문제를 제기했다.

여성성을 이렇게 절하시키면 전통적 젠더 역할을 받아들이는 여자가 남자와 똑같은 지위를 주장하기 어렵든다. 남자는 지위의 하락을 인지해야만 전통적인 여성의 역할을 받아들이거나 여성적 특징을 보일 수 있다.

젠더 고정관념은 전문직 여성들에게도 문제를 불러일으켰다. 영국의 전문경영인이자 채용 전문가인 폴라 파피트는 2015년 채용 과정에서 무의식적 편견에 대해 이렇게 말했다. "여자 구직 후보는 경험에 근거해 판단되는 경향이 있는 반면, 남자 구직 후보는 그냥 잠재력으로 평가된다는 것을 우리도 안다. 일과 가정생활의 균형을 맞출 능력에 대해서는 남자보다 여자에게 면접관의 질문이 더 많이 쏠리는 경향이 있다는 것도 알고 있다."

공적 영역에서의 고용 문제만이 아니라 젠더로 양분된 가사 문제에 대해서도, 많은 나라에서 변화하고 있다.

페미니즘 운동이 이끈 여러 캠페인 중에서 육아가 어머니의 책임만큼이나 아버지의 책임이기도 하다는 메시지를 주장하는 캠페인은 여성의 출산휴가만이 아니라, 남성의 출산휴가에 대해서도 법률 규정을 만들게 했다.

A

A 스웨덴에 본사를 둔 탑 토이가 생산한 젠더 중립적 장난감. 이 장난감은 아이들의 놀이 안에 잠재된 젠더 고정관념에 도전한다. 회사 카탈로그에 과거에는 반대 성을 연상시키던 장난감과 놀고 있는 아이들 사진도 있다.

B 찰리 스미스 디자인 회사가 고안한 젠더 중립적 브랜드 태그. 영국 회사 존 리바이스가 만든 젠더리스 의류 라인을 위해 고안했다. 2017년 존 리바이스는 성별 옷 라벨을 없앤 최초의 상품이 되었다. 아동복의 젠더 고정관념에 도전하기 위해서다.

스웨덴에는 세 달간의 남성 출산휴가 규정이 있다. 이는 2주밖에 되지 않는 영국의 법정 휴가와 비교된다. 일본에서는 엄마와 아빠, 둘 다 근무하지 않고도 1년간 급여를 받을 수 있다. 젠더화된 역할과 고정관념에 대한 문화 사고는 매우 끈질겨서, 젠더 평등을 장려하는 정책이 항상 잘 작동하는 것은 아니다. 예를 들어, 일본에서 출산휴가를 신청한 남자 중 1년을 다 사용하는 사람은 2퍼센트 미만이다. 미국은 선진국 가운데 남자와 여자의 법정 출산휴가가 없는 몇 안 되는 나라 중 하나다. 따라서 부모의 자녀양육에 대한 정부 규정은 미국 페미니즘 운동 의제에서 중요한 안건이다.

페미니즘 캠페인은 아이들에게 비젠더화된 장난감을 가지고 놀게 하거나 옷을 입히면서, 젠더 고정관념에 이의를 제기해왔다. 그리고 시장 조건도 변하기 시작하고 있다.

핑크스팅스 캠페인(*2008년 런던에서 엠마와 애비 무어 자매가 젠더 고정관념에 저항해 벌인 운동)은 여자만 핑크색 옷과 장난감을 원한다는 고정관념에 문제를 제기했다. 영국의 백화점 존 루이스는 시장의 변화에 대해 조사한 후 아동복에서 젠더 특정적인 꼬리표를 제거하기로 했다. 이런 사례들은 젠더에 대한 이해의 변화가 사람들 삶 속에서 젠더를 구현하는 방식에 얼마나 큰 영향을 줄 수 있는지 알려준다는 중요성이 있다. 이럴 경우, 아동기의 엄격한 젠더 고정관념에서 벗어날 수 있기 때문이다.

A

여성 성기 훼손FGM
의료적 필요성이
없는데도, 여자의
성기를 변형시키거나
손상시키는 모든 과정.
클리토리스를 일부
혹은 다 제거하거나,
바느질이나 봉합으로
질 입구를 좁힐 수도
있다. 일부 문화권의
전통이다.

이런 사례들은 전통적인 젠더 이해 방식이 여전히 강력하다는 예증이기도 하다. 이를 테면, 젠더 중립적인 아동복을 진열하겠다는 존 루이스 백화점의 결정은 SNS에서 거센 반대에 부딪혔다. 한 성난 고객은 트위터에 "단 두 개의 성밖에 없다. 남자 아니면 여자"라고 올렸고, 다른 고객은 "내 아이는 남자고, 남자처럼 입힐 것이다. 럭비 상의에 폴로셔츠, 청바지, 운동화 등"이라고 썼다. 젠더가 변화하자, 전통적인 젠더 역할과 행동을 고수하려는 경계선이 생겼다.

> 젠더에 대한 이해는 지금껏 살펴본 것처럼 문화적으로
> 특수하며, 서구 페미니즘의 관심이 항상 전 세계를
> 포괄하는 것도 아니다. 일부는 글로벌 페미니즘 사상에
> 문제를 제기한다. 여성 문제에 대한 보편적 접근은 경제
> 선진국 지역에서 나온 이론에 기반한다는 것이다.

페미니즘 활동가 슈웨타 싱Shweta Singh은 《페미니즘과 이주》(2012)의
〈'숨은' 페미니즘으로 넘어서기: 인도에서 온 이민자 무슬림 여성〉에서 여성의
권리나 젠더 역할의 변화에 대한 국제적 기준을 옹호하는 것이 문제라고 설명한다.
"그것은 사회가 집단주의적이기 때문이기도 하고, 여자들 스스로가
여자다움이나 자매애만이 아닌 가족과 공동체라는 집단의 관심과 자신을
동일시하기 때문이기도 하다."

2003년 페미니스트 작가 찬드라 탈파드 모한티Chandra Talpade Mohanty(1955~)는
서구 페미니즘이 '제3세계 여성'이라는 공통 범주를 만들었다고 비판했다.
그녀는 이 범주가 저개발 국가 출신 여성들 간의 차이점을 비켜가며,
그에 따라 역사, 지리, 문화 속에 나타나는 여러 다른 투쟁을 마주한 여자들에게
목소리를 주지 않는다고 주장한다. 이는 교차성 페미니즘이 제기한
문제이기도 하다(3장 참조).

A 2017년 1월 21일 헌법대로를 따라
   행진한 여자들. 도널드 트럼프가
   취임한 다음 날이었다. 47만
   명의 행진자 중 일부는 트럼프가
   대통령이 된 것이 여성의 권리에
   미칠 영향에 대해 항의했다.
   플래카드는 페미니즘 운동에서
   유색여성이 주변화된다는 점을
   지적하고 있다.
B 케냐 나로크에서 여성용 타나루
   안전가옥 안 교실에서 책을 읽고
   있는 17세의 세머리안 자넷. 이
   안전가옥은 2002년 여성 성기
   훼손이나 조혼을 피해 도망친
   여자들을 위해 만들어졌다.

핵심 문제는, 종교 실천 및 문화 전통과 관련된다. 이것은
베일 쓰기, 결혼 관습, 성 노동, 성기 절제 관행 등을 포함하며
그 모든 것이 여러 나라 안의 젠더 역할과 관련된다.
와리스 디리Waris Dirie(1965~)가 주도한 '당장 **여성 성기 훼손을**
중지하라' 캠페인은 여성 성기 절제 혹은 그러한 관행을 말하는
용어인 여성 성기 훼손FGM female genital mutilation에 반대하는
국제 운동으로 조직했다. 그러나 푸암바이 시 아마두Fuambai Sia
Ahmadu(1969년경~)는 신념과 전통에 관한 그 지역의 경험을
이해할 필요가 있다고 주장하며, 그 지역 여성 스스로가
이끄는 캠페인을 촉구했다.

B

A

A 2013년 베를린의 가장 오래된 모스크인 아마디아 모시에서 시위중인 페멘Femen 활동가 집단. '국제적인 상의 탈의 성전의 날'이라는 슬로건으로 튀니지의 페멘 활동가 아마나 테일러를 위해 시위했다. 아미나 테일러는 온라인에 자신의 상의 탈의 사진을 올린 이후 살해 위협을 받았다.

B 페멘에 반대하는 단체 '이슬람 여성'의 시위. "우리는 무슬림 여성이고, 우리와 함께하는 사람들은 페멘의 행위가 역효과를 낳는다는 것, 우리 무슬림 여성은 페멘에 반대한다는 것을 페멘과 동조자 집단에게 보여줘야 한다"고 말한다.

베일 쓰기와 관련해서도 비슷한 논쟁이 이어진다. 어떤 페미니즘 관점에서는 베일이 여자 몸을 남자가 지배함을 상징한다. 그러나 다른 페미니즘 관점에서는 베일을 쓰는 것은 자율 결정이고, 서구 가치에 저항하는 한 형식이라고 말한다. 이들은 베일이 남성 권력을 표시하는 게 아니라, 문화 자긍심을 상징한다고 주장한다.

언론인 파이잘 알 야파이Faisal al Yafai는 베일에 관한 서구 페미니스트와 자유주의자의 논쟁에서 '옷에 대한 집착' 부분에 대해 《더 가디언》(2008)지에 논평했다. "베일은 일부 사람들에게는 진짜 맹점으로 보인다, 서구 페미니스트은 다른 데서는 남자들이 여자를 어린애 취급해왔다고 주장하면서도, 정작 본인들도 베일을 쓰기로 결심한 여성들을 어린애 취급하는 것 같다. 베일을 쓰는 것이 자유롭고 합리적인 선택일 수 있다는 생각을 그들은 이해하지 못하는 듯하다." 요즘은 한나 유서프와 같은 젊은 여성들이 히잡을 쓴 페미니스트로서의 자기 정체성에 대해 블로그나 브이로그 등 SNS 플랫폼에 표현하고 있다.

교차성은 페미니즘과 LGBTQ 행동주의, 트랜스 이론과 퀴어 이론의 교집합을 다룬다.

페미니즘은 젠더 이분법 모델에 동의하지 않는 사람들의 경험을 설명하는 데 실패했다고 비판받아왔다. 일부 페미니즘 이론가들, 특히 가장 유명한 재니스 레이먼드 Janice Raymond(1943~)가 트랜스 권리 운동에 적극 반대한다. 트랜스젠더를 배제하는 급진 페미니스트Trans-exclusionary radical feminist는 페미니즘 공동체의 작은 분파다. 이들은 트랜스젠더 여성은 남자로서 자라는 과정에 내재한 특권 때문에 진정으로 여자와 동일시할 수는 없다고 주장한다.

그러나 LGBTQ와 페미니즘 운동은 공동의
기반을 갖고 있다. 둘 다 젠더의 작용에 관한
전통적 전제에 이의를 제기한다.

특히 1990년대 이후로 계속 트랜스 작가들은
젠더에 대한 기존 이분법 모델에 의식적으로 저항하는
정체성 모델을 선언적으로 표명했다.

예컨대, 케이트 본스타인Kate Bornstein(1948~)은 《젠더 무법자》(1994)에서 섹스를 성기로 규정하는
모든 범주화를 날려버린다. "대부분의 사람들은 음경이나 음경과 같은 형태를 가지고 있으면 남자로
규정할 것이다. 또 어떤 사람들은 여자를 질 같은 어떤 형태가 있으면 여자로 규정할 것이다. 그러나
그렇게 단순하지가 않다. 나는 샌프란시스코에 사는 여자 몇 명을 아는데 그들에겐 음경이 있다. 내
인생에서 만난 많은 멋진 남자들에게도 질이 있다. 그리고 성기가 음경과 질 사이 어딘가에 있는
사람들도 꽤 많다." 본스타인은 자신이 '잘못된 몸'을 가진 것도, '제3의 젠더'에 속한 것도 아니라,
'젠더 무법자'라고 말한다.

트랜스 페미니스트 줄리아 세라노Julia Serano(1967~)는 2007년 《매질하는 여자》(2007)에서 **트랜스포비아**transphobia 및 호모포비아가 **대립적 성차별주의**oppositional sexism에서 온다고 본다. 그녀는 여성성이 남성성에 종속된다는 전통적 성차별주의와 대립적 성차별주의를 대비시킨다. 세라노의 연구는 트랜스 이론이 모든 젠더의 사람들에게 영향을 주는 문제를 밝히고, 트랜스 권리 운동과 페미니즘 운동이 나란히 갈 수 있는 방식에 중점을 둔다.

전통적인 젠더 이해에 문제를 제기하는데 덧붙여, 트랜스 행동주의는 전 세계 젠더 다양성인 사람들이 마주한 문제에 초점을 둔다.

'트랜스 살해 감시' 프로젝트는 트랜스와 젠더 다양성인 사람들의 살해 사건에 관한 세계의 자료를 제공한다. 매년 11월에 열리는 트랜스젠더 기념일에 최신 통계를 출간하고 있다. 2016년 10월~2017년 9월 사이만 해도 전 세계에서 트랜스와 젠더 다양성인 사람들이 살해당한 사례가 325건이나 보고되었다. 이 수치는 이런 살해에 대비한 감시 체제가 있는 국가에서 가장 높게 나타났다. 다시 말해, 보고되지 않은 더 많은 살해 사건이 있을 확률이 높다. 목숨을 잃은 사람들을 공개적으로 기념하는 것은 트랜스와 젠더 다양성인 사람들에게 저지르는 혐오범죄를 강조하고, 알리도록 돕기 위해서다.

트랜스포비아 트랜스젠더인 사람들에 대한 공포, 반감, 편견이나 부정적 태도를 말한다.

대립적 성차별주의 남자와 여자의 범주가 고정되고 대립되며, '각각이 독특하고 겹치지 않는 속성, 경향, 능력, 욕망 집합이 있다'는 생각과 관련된 성차별주의를 말한다.

A 잔인하게 살해당한 트랜스 여성 제니퍼 로드를 기리기 위해 2014년 10월 24일 마닐라 주립대에서 열린 철야기도회.
B 그라운드 제로에서 시위하는 웨스트보로 침례교도들. 이들은 테러리스트의 행위가 동성애 및 성과 젠더의 부도덕 때문에 신이 이 세계에 내리는 벌이라고 생각한다.
C 캔자스 주 토피카에 있는 평등의 집. 바로 맞은편에는 웨스트보로 침례교회가 있다. 게이 프라이드 깃발을 기리고자 집을 무지개 색깔로 칠했다.

트랜스와 젠더 다양성인 사람들은 혐오범죄의 위험만이 아니라, 제도적이고 개인적인 차별을 가하는 서로 다른 많은 유형도 종종 경험한다.

그러한 유형은 심지어 공무원이나 경찰이 가하는 폭력부터, 잘못된 젠더 재현 misgendering에 이르기까지 다양하다. 미디어는 이들을 아예 취급하지 않거나, 잘못된 방식으로 표현한다. 이들에겐 노숙과 실업의 위험도 매우 높다. 특히 미국에서 제도적이고 법적인 차별에 대한 가시적 사례들이 초점을 맞추는 것은 최근 화장실 법안bathroom bills 및 입대한 트랜스젠더들의 권리 부분이다.

트랜스 평등을 향한 세계적 행동GATE, 트랜스 공포 종식WOT 그리고 GLAAD(*미국 미디어가 다루는 LGBT의 이미지를 감시하고, 증진시키기 위한 비정부 기구)같은 조직은 트랜스와 젠더 다양성, 인터섹스의 명분을 지지하는 일을 하며, 모든 젠더 정체성의 탈병리화를 주장한다. 또한 모든 사람들의 권리를 지지하는 법적이고 제도적인 틀, 젠더 다양성에 관한 향상된 교육과 인식을 주장한다. 현대의 행동주의는 중요한 역할을 담당하는 SNS 및 다른 온라인 활동과 함께 개인 차원에서 발생하기도 한다.

A

잘못된 젠더 재현 한 사람의 젠더 정체성을 제대로 반영하지 않는 대명사나 기타 용어를 쓰는 사람을 부르는 데 쓰는 용어.

화장실 법안 젠더가 구분된 공중 화장실을 규정하는 제정법의 일부. 보통 트랜스젠더들이 젠더가 확정된 사람들이 사용하는 공중 시설을 쓰지 못하게 하려고 만들어졌다.

A 트랜스의 거리 문화를 연구한 〈탄제린〉. 이 영화는 트랜스 배우가 연기하는 두 명의 트랜스 여자 이야기다. 그들은 LA 길거리에서 살아남고자 애를 쓴다.

B 미국의 예능 방송인 〈루폴의 드랙 레이스: 올스타전〉에 참여하려고 줄 선 참가자들. 유명한 〈루폴의 드랙 레이스〉 속편인 이 쇼에는 〈드랙 레이스 명예의 전당〉 자리를 놓고 경쟁하는 드랙퀸들이 참여한다.

B

이 외에도 젠더화된 행위를 드러내기로 마음먹은 각 개인은 태도의 변화, 젠더 다양성에 대한 수용의 확대에 약간씩 기여한다. 동시에 젠더 다양성의 수용 폭을 넓히고, 개인과 공동체를 격려해 많은 사람이 당연시하는 젠더 규범에 대해 문제를 제기한다.

**폭력과 차별의 사례들도 인정되어야 한다.
그렇지만 행동주의도 수많은 영역에서
긍정적 변화를 이끌어냈다.**

젠더가 남자와 여자의 범주만을 인정하는 이분법적 배치라는 생각을 의심하는 의미심장한 변화가 많은 국가에서 있었다. 2016년 영국 포셋 협회의 연구는 젊은이 중 68퍼센트가 젠더를 이분법으로 나눠 생각하지 않는다는 사실을 보여주었다. 한편, 조사한 미국 젊은이 중 절반은 젠더를 남자와 여자의 범주에 한정된 것으로 보지 않는다고 말했다.

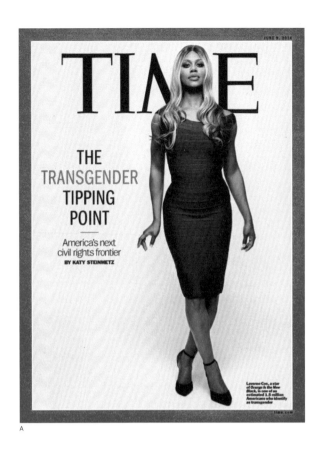

A

변화하는 젠더에 대한 이해와 경험은 일상 언어에도 반영된다. 점점 더 많은
젊은이들이 단수형 'they'나 'their' 같은 비이분법적 인칭대명사를 사용하고 있다.
2016년 단일하고 고정된 젠더와 동일시하지 않는 사람을 규정하는 '젠더 플루이드'
라는 용어가 2016년 옥스퍼드 사전에 등재되었다. 또한 하원의원 존 버카우는 런던
국회의사당에 비젠더화된 화장실을 만들 것을 계속 요구하고 있다.

행동주의는 소매업계와 미디어에도
영향을 미쳐서, 비이분법적 젠더 표현
확산에 기여했다.

인기 있는 비디오 게임 '심스'는 젠더 다양성을 가진 캐릭터를 등장시켰고, 텔레비전과 영화에도 트랜스 캐릭터들이 나왔다. 최근 페이스북도 사용자들에게 다수의 젠더 '선택안'을 제시하기 시작했다. GFW (젠더 없는 세상, Gender Free World) 옷은 젠더보다는, 체형이 다른 몸에 맞춰 세 가지 유형의 셔츠를 만들었고, 의류회사 더 부치 클로딩은 남성적 여자 옷을 디자인한다.

이런 사회문화적 변화와 남녀의 범주를 가로지르거나 그 사이나 너머에 있는 사람들의 문화 가시성이 극적으로 높아지는 추세를 반영해 2014년에 《타임》지는 '트랜스젠더 조언 포인트'라는 기사를 싣기도 했다. BBC나 CNN과 같은 영국과 미국의 언론 매체들은 2015년을 '트랜스젠더의 해'라고 선언했다.

2015년 연말 보도에서 《파이낸셜 타임즈》지는
"올해를 대표하는 단어는 트랜스다.
젠더 논의는 미묘하고, 유동적이며,
'비이분법적'인 문제"가 되었다고 썼다.

주요 문화 매체들이 '트랜스젠더의 해'를 젊은이들에게 널리 알리는 데 기여했다. 영국과 미국의 언론보도, 예를 들어 《더 가디언》,《틴 보그》는 밀레니엄 세대 혹은 Y세대가 전통적 젠더 표식과 규범을 거부하고 있다고 정기적으로 선포한다.

전통적 젠더 정체성과 젠더 표현은 특히 현대 사회의 젊은이들에게, 특히 서구에서 더 유동적인 것으로 경험된다는 증거는 많다. 이에 따라 젠더 다양성인 사람들의 평등 문제는 많은 나라에서 정치적 안건으로 등장하게 되었다. 그리고 최근 몇 년간은 그들의 권리를 위한 법적 보호가 분명 더 확대되었다.

A

A 2017년 LA 슈라인 오디토리엄에서 열린 MTV 영화 및 TV상에서 〈미녀와 야수〉로 영화부문 최고 연기자 상을 수상한 엠마 왓슨(왼쪽). 왓슨에게 시상한 사람은 비이분법인 영화 〈빌리언즈〉에 출연한 배우 애이시아 케이트 딜론이었다. 이 사건은 젠더 중립적 상을 도입했다는 중요성을 갖는다.
B 게이 프라이드 깃발을 휘날리는 트랜스젠더 여성 웬디 이리파와 게이 남자 이그나시오 에스트라다. 2011년 8월 13일에 쿠바의 아바나에서 결혼식을 마치고 빈티지 차를 타고 떠나는 중이다. 이리파의 젠더 재지정 수술비용은 쿠바 정부가 지불했다.

2004년 영국의 젠더 인정법은 트랜스들에게 출생증명서를 변경해, 후천적 젠더로 결혼할 권리를 주었다. 트랜스의 후천적 젠더를 인정하는 법은 크로아티아, 체코, 덴마크, 핀란드, 프랑스, 독일, 아일랜드, 이탈리아, 네덜란드, 노르웨이, 폴란드, 포르투갈, 루마니아, 스웨덴, 스페인에서 시행되었다. 유럽 밖에서는 트랜스젠더 인정법이 브라질, 캐나다, 콜롬비아, 에콰도르, 이란, 일본, 남아프리카 공화국, 우루과이, 인도, 방글라데시, 베트남에 도입되었다. 2012년 아르헨티나가 한 사람의 공식적 젠더는 의료적이고 법적인 전문가의 권위가 아니라, 스스로의 선언에 기초해 변할 수 있다고 선언하면서 세계에서 가장 트랜스 친화적인 나라로 환호받았다. 2017년 11월 독일 법원은 인터섹스를 포함해 남자로도 여자로도 규정되지 않는 사람은 공식적으로 제3의 젠더로 등록할 수 있다고 판결했다.

이러한 논의는 젠더의 미래에 중요한 문제를 제기한다. 우리는 젠더 없는 세상을 향해 나아가고 있는 것인가?

B

맺으며

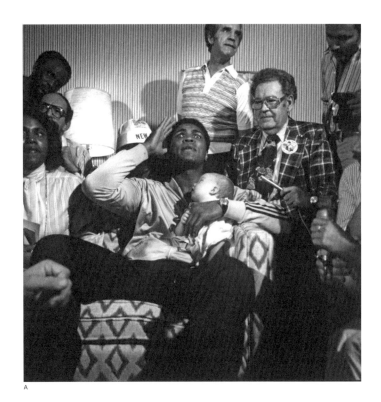

A

우리의 가장 깊은 곳에 내재된 핵심 신념core belife과 문화의
가장 근원적인 구조 중 일부는 젠더를 중심으로 만들어진다.
동시에 우리는 젠더를 서로 범주화하는 방식의 하나로 이용한다.
다시 말해, 우리는 젠더에 관한 엄청나게 많은 사회적 역할과
기대를 바탕에 깔고 있다. 누가 자녀양육이나 리더십 역할을
'맡아야' 하는가부터, 누가 특정한 항목의 옷을 '입어야'하고
특정한 취미를 '즐겨야'하며 심지어 특정한 감정을
'느껴야'하는지에 이르기까지 말이다.

그렇지만 이런 분류에 젠더가 늘
단단한 기반이 되는 것은 아니다.

젠더의 각 양상은 그것이 신체 요건이건 사회 역할이건 혹은
개인 정체성이건 간에, 사회마다 그리고 사람마다 다르며,
심지어 같은 시대 같은 사람 안에서도 변화게 되어 있다.

1장은 젠더에 대한 생물학 관점을 연구했다. 생물학 관점은 남자와 여자의 범주가
유전으로 결정되어 고정된 것이라고 말한다. 그러나 생물학적 젠더는 복합적이라서,
언제나 남자와 여자로 분명하게 똑 떨어지지는 않는다. 게다가 젠더는 생물학이
설명할 수 있는 것보다 훨씬 더 복잡하게 경험되고, 실천된다.

2장은 사회적으로 구성된 젠더의 요소에 대해 살폈다. 서로 다른 시간대와
장소, 사회에서 온 사례들을 활용해 젠더 역할이 변화하고 있음을 확인했다.
젠더를 둘러싼 규범과 가치는 정치·경제·종교·신념·사회 계급·인종과
민족성을 포함해, 수없이 교차하는 많은 요소들로 만들어진다.

A 미국의 권투선수 헤비급
   챔피언인 무하마드 알리.
   1978년 챔피언 전에서 레온
   스핑크스를 이긴 후에 딸
   라일라를 안고 있다.
B 임신을 장애로
   생각하지 않는 알리시아
   몬테뇨. 캘리포니아 주
   새크라멘토에 있는 호넷
   스타디움에서 열린 2014
   USAF 실외 챔피언 전에서
   여자 800미터 첫 라운드를
   뛰려고 기다리고 있다.

A 트랜스젠더 활동가
알리샤의 시신 옆에서
철야시위 중인 파키스탄
트랜스 여성들. 알리샤는
2016년 페샤와르에서
신원을 알 수 없는
무장강도의 총에 맞았다.
병원 직원들은 그녀를
어느 병동에 입원시켜야
할지 결정하지 못했고,
그렇게 시간을 끌다가
목숨을 잃었다고
보고서에 썼다.

B 18세 앤지 자파타에게
바치는 콜라쥬. 자파타는
2008년 그녀가 여자라는
것을 알아낸 알렌
안드레드에게 잔인하게
살해당했다. 안드레드는
미국에서 최초로
트랜스젠더 희생자에
대한 혐오 범죄로
유죄선고를 받았다.

젠더 사회화는 개개인이 자신의 젠더를 실행하는
방식을 형성한다. 사람들이 자신의 젠더를 바탕으로
수행할 거라고 기대하는 역할은, 시간이 흐르면서
그리고 다른 문화와 공동체 사이에서도 일관되게
나타나지 않는다.

3장에서는 젠더 다양성과 관련된 행동과 정체성을 자세히
파고들었다. 우리는 젠더 정체성이 다양한 사람들은 언제나
존재했다는 사실을 알게 되었다. 그들은 역사와 문화 맥락에 따라,
다른 방식으로 지칭되기도 하고, 다른 과학적이고 사회적인 모델로
해석되기도 한다.

3장은 전통적인 남자·여자의 범주를 가로지르거나, 그 사이에 있거나, 그것을 넘어서서 자신의
정체성을 규명하는 사람들에게 이분법적 젠더 모델이 갖는 문제를 탐구했다. 비서구권 국가에서
젠더 다양성인 사람들은 사회적으로 단합했던 오랜 역사를 가지고 있다. 한편 다른 나라에서도
사회문화적인 해석, 재현, 법과 정책이 이제는 젠더 이분법의 바깥에 있는 사람들을 더 잘
설명하고자 범위를 넓히고 있다. 이에 따라 오늘날 많은 사람에게 열려있는, 젠더를 표현하는
더욱 다양한 선택이 있다. 이런 사회적 변화는 젠더가 영원히 진화한다는 사실을 강조하고 있다.

전 세계적으로 트랜스젠더에 관한 사회 태도, 문화 가시성, 법과 정책상의 중요한 변화에도, 트랜스들과 젠더가 이분법에 들지 않는 사람들은 여전히 어려움에 처해있다.

아직도 많은 나라에서 트랜스를 인정하는 입법화가 이루어지지 않고 있으며, 입법화 한 나라들 가운데 정신과 전문의 같은 사람이 트랜스들을 인증해야 하는 틀을 유지하고 있다. 트랜스는 여전히 세계의 많은 곳에서 병리화되어 있다. 트랜스인 사람들, 특히 청소년의 자해와 자살률은 비트랜스인 사람들보다 매우 높다. 직장에서의 차별도 여전하다. 트랜스들은 가족과 대중에게 괴롭힘과 폭력을 당할 수 있다. 트랜스들의 살해, 특히 유색인종 트랜스 여성을 살해하는 범죄도 많다. 충격적인 일이지만, 때로는 법적인 **트랜스 공포 방어**trans panic defence를 이용해 이런 살해가 정당화된다.

트랜스 공포 방어 범죄 가해자가 희생자의 트랜스젠더 정체성 때문에 공포에 질린 나머지 통제력을 잃었다고 (보통은 격렬히) 법정에서 주장하는 합법적 방어. 이런 방어는 미국에서 수없이 많이 사용되었다. 2003년 트랜스 남성인 브랜든 티나를 강간하고 살해했던 재판에서도 통했다.

트랜스와 비-이분법의 젠더뿐 아니라, 시스젠더인 남녀조차 어떤 젠더 역할을 수행할지에 대한 사회적 기대치 때문에 선택할 수 있는 것이 제한적이다. 남자에게 갖는 사회의 기대에는 이런 것이 있다. 자신의 감성 범위와 감정 표현을 제한하고 가족에게 재정 지원을 할 것, 사회 지위를 유지하기 위해 신체 폭력을 마주하거나 심지어 저지를 것, 자녀양육에 관여하기보다는 책임 업무를 택할 것 등이다. 여자는 더 넓은 범위의 문제에 직면한다. 가난과 괴롭힘과 성폭력의 높은 위험에서부터, 교육 부족, 재생산권 결여, 적절한 건강 관리 부족까지, 또 강제 결혼과 직장 차별, 젠더 임금 격차 등에 이르기까지 말이다.

4장에서 논의했듯이, 젠더화된 불평등은 전 세계적으로 페미니스트, 평등주의자egalitarians, 남성권리 활동가가 벌이는 행동주의와 운동의 주제였다.

젠더는 여자의 삶, 남자의 삶 그리고 비이분법적인 사람들의 삶을 제한하는 구조적 장치로 작동하고 있다. 그렇지만 반대로 개인이나 집단이 변화하는 젠더의 의미에 영향을 주면서, 자신의 젠더 행동을 바꿀 수도 있다.

젠더를 다양하다고 이해하는 것이 확실히 보편적이지는 않다. 많은 사람들이 계속해서 젠더는 '타고났다'고 주장한다. 그러나 존재하는 젠더 행동과 젠더에 대한 접근 범위를 보면, 오늘날뿐 아니라 인류 역사를 통틀어 젠더가 고정된 속성이 아니라는 것을 확실히 알 수 있다. 게다가 전통적으로 젠더화된 사회 역할과 일상적으로 젠더화된 경험의 괴리 속에, 트랜스들과 젠더 다양성인 사람들, 시스젠더들에 대한 체계적 부정의systemic injustice를 확인할 수 있다. 바로 그것이 개인과 집단의 잠재성을 제한한다.

확실히 우리가 사는 세계가 젠더 중립적이지는 않지만, 젠더 유동성을 향한 움직임은 환영받을 것이다. 이런 움직임이 모두에게 더 큰 가능성을 열어 줄 수 있기 때문이다.

B 암스테르담 게이 프라이드의 하이라이트 중 하나인 운하 퍼레이드. 네덜란드에서 매년 열리는 가장 큰 대중 행사의 하나다. 네덜란드는 LGBTQ 공동체에 대한 사회적 수용이 높다. 바지선에서 드랙과 트랜스 공동체의 통합과 긍지를 선언하고 있다.

평등주의자 모든 인간이 가치에 있어 평등하다고 생각하는 사람. 젠더·섹슈얼리티·인종·종교·실력·계급·정치 소속과 무관하게 사회가 모든 인간을 똑같이 다루어야 한다고 생각한다.

체계적 부정의 특정한 사회, 경제, 정치 체계의 안에 있는 부정의. 그러한 체계 때문에 부정의가 자동으로 영구히 지속된다는 의미다.

사진 출처

2 Mykola Gavliuk/123RF
4–5 Photo Sara D. Davis/Getty Images
6–7 Photo Yvan Cohen/LightRocket via Getty Images
8 Courtesy The Advertising Archives
9 Photo Robert Van Der Hilst/Photonica World via Getty Images
10 Israel Defense Forces
11 Photo Tim Hunter/Newspix. © News Corp Australia
12 The Trustees of the British Museum, London
13l, 13r Costume Institute, Metropolitan Museum of Art, New York. Fashion Plates Repository. Gift of Woodman Thompson
14 Teesside Archive. © Mirrorpix
15l, 15r Private Collection/Bridgeman Images
16l Chase & Sanborn
16r Photo Eli Rezkallah, Produced by Plastik Studios 2018
17l Del Monte
17r Photo Eli Rezkallah, Produced by Plastik Studios 2018
18–19 Photo Lambert/Getty Images
20 Photo Images Of Our Lives/Getty Images
21 Photo Gene Lester/Getty Images
22, 23 Science Photo Library
24 Bill Bachman/Alamy Stock Photo
25l Keith Szafranski/i-stockphoto.com
25r George Grall, National Geographic Creative

26 Heritage Auctions. Photo © Tom Kelley Studios
27 Terry Logan/Rex/Shutterstock
28 Photo Veronique Durruty/Gamma-Rapho via Getty Images
29 Nigel Dickinson
30, 31, 32l Wellcome Collection, London
32r Countway Medical Library, Harvard Medical School, Harvard Museums of Science and Culture
33l, 33r Wellcome Collection, London
34 Derby Museum and Art Gallery
35 Villa Musée Fragonard, Grasse. Given by Mr. Gabriel Cognacq (2010.0.371)
36l National Portrait Gallery, London (NPG 6937)
36r National Portrait Gallery, London. Bequeathed by Jane, Lady Shelley, 1899 (NPG 1237)
37 British Library, London
38a, 38b Courtesy Ryan Matthew Cohn
39l Metropolitan Museum of Art, New York. Bequest of Robert Shapazian, 2010 (2010.457.1)
39r Musée du Louvre, Paris. Photo RMN–Grand Palais (musée d'Orsay)/image RMN-GP
40l Photo Roger Viollet Collection/Getty Images
40r Photo Russell/Getty Images
41l Homer Sykes Archive/Alamy Stock Photo
41r Granger Historical Picture Archive/Alamy Stock Photo
42l, 42r, 43 Courtesy The Advertising Archives
44, 45 © Linda Simpson
46–47 Prints and Photographs Division, Library of Congress, Washington, D.C.
48 Richard B. Levine/Alamy Stock
49a, 49b Monday, Bangkok, Thailand
50, 51 Photo DEA/G. Dagli Orti/De Agostini/Getty Images
52l Metropolitan Museum of Art,

New York. Gift of Norbert Schimmel, 1986 (1986.322.1)
52r Antikensammlung, Staatliche Museen zu Berlin (F 2289)
53l The Trustees of the British Museum, London
53r Antikensammlung, Staatliche Museen zu Berlin
54 Villa del Casale, Piazza Armerina
55 Bodleian Library, Oxford. Collection Medieval and Renaissance Manuscripts (MS. Arch. Selden. A.1)
56 Private Collection/The Stapleton Collection/Bridgeman Images
57 National Archives, UK
58, 59l, 59r Private Collections
60 Photo T. Enami
61 Photo Topical Press Agency/Getty Images
62 Shunsai Toshimasa, 1887
63 Private Collection
64 Wellcome Collection, London
66, 67 JeongMee Yoon
68 The Sun/News Licensing
69l Christine Webb/Alamy Stock Photo
69r Gari Wyn Williams/Alamy Stock Photo
70 Photo Thomas J. Abercrombie/National Geographic/Getty Images
71 © Shirin Neshat
72 baolamdong.vn
73l Photo Reza/Getty Images
73r Photo Rod Aydelotte-Pool/Getty Images
74 Landsberger collection (BG E13/415)
75 Photo VCG via Getty Images
76–77 Trinity Mirror/Mirrorpix/Alamy Stock Photo
78l, 78r nsf/Alamy Stock Photo
79 Chronicle/Alamy Stock Photo
80 Photo Shaul Schwarz/Getty Images
81 Photo Ulet Ifansasti/Getty Images
82 Photo Allison Joyce/Getty Images
83 Photo Mohammad Asad/Pacific

Press/LightRocket via Getty
Images
84a, 84b, 85a, 85b Wellcome
Collection, London
86l Photo Corbis via Getty Images
86r Musée des Beaux-Arts
de Nantes
87 Photo Fox Photos/Getty Images
88 Magnus-Hirschfeld-Gesellschaft,
Berlin
89 Photo by Weegee (Arthur Fellig)
/International Center of
Photography/Getty Images
90 Photo Michael Maslan/Corbis/
VCG via Getty Images
91 Frederick Richard Pickersgill
92 Yale Center for British Art,
Paul Mellon Collection
(B1977.14.11245)
93l Wellcome Collection, London
93r Gerda Wegener, 1928
94 Photo Hulton-Deutsch
Collection/Corbis via
Getty Images
95 Bettmann/Getty Images
96l Alfred C. Kinsey, Wardell B.
Pomeroy, Clyde E. Martin, Sexual
Behaviour in the Human Male,
W.B. Saunders, Philadelphia,
1948
96c Alfred C. Kinsey, Wardell B.
Pomeroy, Clyde E. Martin, Paul
H. Gebhard, Sexual Behaviour
in the Human Female, W.B.
Saunders, Philadelphia, 1953
96r Dr. Murray Banks, What
You Can Learn From The Kinsey
Report, 1956. Audio Mastertone
Label by Froco Records
97l, 97r Lawrence Lariar, OH!
DR. KINSEY!; A Photographic
Reaction to the Kinsey Report,
Cartwrite Publishing Co,
New York, 1953
98, 99 Illustrations Daniel Streat,
Visual Fields 100l, 100r Trinity
Mirror/Mirrorpix/Alamy
101 Photo David Levenson/
Getty Images
102l, 102r, 103l, 103r © Sarah Wong

104 Reuters/Brendan McDermid
105 Dial Books, 2015. Penguin Books
106–107 Photo Michael Nigro/Pacific
Press/LightRocket
via Getty Images
108 Musée Carnavalet,
Paris (D.9092). Photo
Roger-Viollet/Topfoto
109l Brooklyn Museum, Gift of Emily
Winthrop Miles (55.9.25v)
109r AF Fotografie/Alamy Stock
Photo
110l Schomburg Center for Research
in Black Culture. Photographs
and Prints Division. The New
York
Public Library
110r Prints and Photographs Division,
Library of Congress, Washington,
D.C.
111 Prints and Photographs Division,
Library of Congress, Washington,
D.C.
112 Photo Barbara Freeman/Getty
Images
113l, 113c, 113r Courtesy
University of Victoria
Libraries, Transgender Archives
(HQ77 T73)
114l, 114r Kathleen Hanna
(Bikini Kill) at the Macondo, Los
Angeles, 1993
115 Photo Rick Kern/WireImage
116al, 116bl, 116ar, 116br Courtesy
Top-Toy
117 John Lewis campaign,
Charlie Smith Design
118 © Kevin Banatte @afroCHuBBZ
and Angela Marie @MsPeoples
119 Photo Marvi Lacar/
Getty Images
120 Photo Target Presse Agentur
Gmbh/Getty Images
121 Muslima Pride International
122 Photo Ted Aljibe/AFP/
Getty Images
123a Photo Monika Graff/
Getty Images
123b Photo Mark Reinstein/Corbis
via Getty Images

124 Film poster, Tangerine,
dir. Sean Baker, 2015
125 Photo Jamie McCarthy/
Getty Images
126 Time Inc/Meredith Corporation
127l Photo Gareth Cattermole/
Getty Images for MTV Crashes
Glasgow
127r Photo Jason Squires/WireImage
128 Photo Kevin Winter/
Getty Images
129 Photo Sven Creutzmann/
Mambo Photo/Getty Images
130 Musée du Louvre, Paris. Photo
RMN-Grand Palais (musée du
Louvre)/Hervé Lewandowski
132 Photo Chuck Fishman/
Getty Images
133 Photo Andy Lyons/Getty Images
134 Arshad Arbab/Epa/REX/
Shutterstock
135 Photo Joe Amon/The Denver
Post via Getty Images
136 Photo Bradley Felstead
137a, b Photo Romy Arroyo
Fernandez/NurPhoto via Getty
Images

색인

역자 해설

왜 이 책을 읽어야 하는가?

일단 사진과 그림으로 된 풍부한 시각 자료와 화려한 컬러와 디자인이 한눈에 시선을 잡아당긴다. 그게 다가 아니다. 간명하고 구체적인 근거가 제시되며, 젠더 연구의 성과를 일목요연하게 제시하여 대중적 관점에서도 젠더 연구의 이해 지평을 넓히려 한다는 점에서 눈이 간다. 전문용어에 대한 가장 심플한 해설도 볼 만하다. 즐거운 볼거리와 필요한 핵심 내용이라는 두 마리 토끼를 잡는 훌륭한 입문서라고 말하고 싶다.

젠더의 의미

이 책에서 '젠더'는 크게 두 가지, 협의의 젠더와 광의의 젠더로 쓰인다. 협의의 젠더를 말할 때는 크게 섹스나 섹슈얼리티와 대비되는 개념으로 쓰인다. 즉 생물학적으로 타고난 해부학적 성이 '섹스'라면, 문화적으로 습득된 사회적 성을 '젠더'라고 보는 것이다. 섹슈얼리티는 욕망을 느끼는 대상에 대한 성적 경향이나 지향을 말한다. 쉽게 말해 1센티미터 이하의 성기를 가지면 '섹스'가 여자이고, 여자다움과 여성성을 내면화하고 표현하면 '젠더'가 여성적이며, 여자가 다른 여자에게 성적으로 끌리면 동성애, 다른 남자에게 끌리면 이성애 섹슈얼리티가 된다.

한편 광의의 젠더는 섹스와 섹슈얼리티까지 포함한다. 1센티미터보다 크고 2.5센티미터보다 작은 성기를 가진 아이는 생물학적으로 남녀를 구분할 수 없고, 이런 인터섹스 아동은 후천적 성 확정 수술을 받기도 한다. 후천적 성별 확정은 트랜스섹슈얼도 마찬가지이므로, 이제는 섹스도 사회 문화적으로 습득된다는 의미에서 젠더라 말할 수 있다. 또한 인터섹스나 트랜스섹스의 관점에서 보면 섹슈얼리티도 후천적 구성물로 보아야 한다. 트랜스섹스 여자가 인터섹스 여자를 좋아한다면 그것이 동성애인지 이성애인지 단정할 수 없다. 그래서 광의의 젠더는 섹스, 젠더, 섹슈얼리티를 모두 포함한다. 이 셋 모두가 의미 작용과 인식 담론의 후천적 구성물이라는 의미에서다.

젠더라는 용어가 보통 독자에게는 익숙하지 않을 수도 있다. 사실 성性, 성별性別, 성차性差라는 말이 좀 더 편안하게 들릴 수도 있다. 하지만 '성'은 섹스, 젠더, 섹슈얼리티를 포괄하는 말이고, 여성학이나 젠더 연구에 약간이라도 관심이 있는 독자라면 젠더라는 말 자체가 가지는 문화적이고 사회적인 함의를 알고 있을 것이다. 일반적 의미에서의 상식적 통칭일 경우에는 '성'으로 옮겼고, 세부 분류가 필요할 때는 생물학적 차이, 사회적 함의, 욕망의 지향을 구분해 각각 '섹스', '젠더', '섹슈얼리티'로 번역했다. 남녀의 이분법에 들어가지 않는 '제3의 젠더'의 경우에도 이 책이 가지는 젠더학 입문서로의 위상을 생각해서 사회 문화적 의미를 강조하려고 '젠더'의 의미를 살렸다.

트랜스젠더의 의미

'트랜스젠더'도 협의와 광의로 나뉜다. 협의의 트랜스젠더는 자신의 타고난 성에 불만감을 느껴 이성과 심리적으로 동일시하고 행동 면에도 이성의 활동을 추구하는 사람을 말한다. 협의의 트랜스젠더는 크로스드레서나 트랜스섹슈얼과 구분되는 개념이다. '크로스드레서'는 이성의 옷으로 바꿔 입는데서 기쁨이나 의미를 느끼는 사람으로 복장 전환자transvestite 라고도 불린다. 반면 '트랜스섹슈얼'은 호르몬 요법과 외과적 수술을 통해 최종단계까지 이성의 몸으로 이행과 전환을 추구한 사람이다. 최초의 트랜스섹슈얼은 영화 <대니쉬 걸Danish Girl>에 소개된 인물로 1930년대에 덴마크에서 수술받은 에이나르 베게너(릴리 엘베)다. 협의의 정의로는 이성의 옷만 즐겨 입는 크로스드레서, 이성과 마음을 동일시하는 트랜스젠더, 이성의 몸으로 바꾼 트랜스섹스가 구분된다.

그러나 광의의 트랜스젠더는 크로스드레서와 트랜스섹슈얼까지 포괄할 수 있다. 그것이 일시적 옷 바꿔입기건, 심리적인 동일시건, 수술로 몸을 변화시키는 최종 결정이건 간에 타고난 성이 아닌 상대 이성의 모습에서 의미와 기쁨을 느끼는 것은 같기 때문이다. 그래서 트랜스젠더가 광의로 쓰일 때는 크로스드레서, 트랜스젠더, 트랜스섹슈얼을 모두 포함하는 개념이 된다. 광의의 트랜스젠더 여성은 옷만 남자처럼 바꿔 입는 것으로 만족을 느낄 수도 있고, 때로는 심리적으로 남자라고 생각하거나 외관상 남자로서 행동할 수도 있고, 좀 더 적극적으로 남성 호르몬을 투여받거나 남성의 몸으로 일부 혹은 완전히 전환하고 싶어할 수도 있다. 그리고 사실상 그 경계는 가변적이거나 모호하다.

젠더 개념에 대한 다양한 해석

주디스 버틀러는 《젠더 트러블》(1990)에서 섹스, 젠더, 섹슈얼리티가 모두 규제담론의 효과이자 기율권력의 결과라고 주장했다. 생물학적 진리나 자연적 본질은 없고, 이 셋 모두 사회문화적 구성물이라는 의미에서다. 그런 의미에서 젠더는 섹스와 섹슈얼리티까지 포괄한다. 섹스는 이미 언제나 젠더였기 때문이다. 여기에 섹슈얼리티도 예외로 보이지는 않는다. 요컨대 젠더는 '자유롭게 떠도는 인공물'이다, 역사와 문화가 만든 2차적 구성물일 뿐만 아니라, 언제든 변화가능하다는 의미다.

주디스 핼버스탬은 《여성의 남성성》(1998)에서 여성의 몸을 하고 남성성을 추구한다는 것이 가져오는 새로운 의미 지평의 확장에 주목했다. 섹스와 젠더가 호응하지 않을 때 가져올 의미의 변화 말이다. 저자 스스로가 여성 주디스에서 남성 잭이 된 핼버스탬은, 섹스와 젠더의 비호응에서 발생하는 다양한 섹스, 젠더, 섹슈얼리티를 논의하려 한다. '스톤 부치'(파트너가 자기 몸을 성적으로 만지지 못하게 하는 레즈비언 중 남성 역할자)나 성전환 수술을 원치 않는 '트랜스젠더 부치'(레즈비언 부치와 트랜스 섹슈얼 FTM의 경계)를 예로 들어 기존 의미와의 충돌 지점을 부각시킨다. 스톤 부치의 핵심은, 여자가 남성성을 추구하고 남자와 동일시해서 여자를 사랑하는 성애 경향은 동성애가 아니라는 것이다. 여자와 동일시하는 레즈비언은 동성애자인 반면, 남자와 동일시하는 '남성적 여자'는 이성애자에 가깝다. 여자의 몸을 가져도 남자로 볼 수 있는 것이다. 이 책에서 젠더는 협의나 광의의 젠더 개념 보다는 협의건 광의건 젠더가 고정되지 않고 변한다는 뜻이 강하다. 사회문화적 구성물이되 언제나 그 의미가 변하므로 고정되지 않고 미래로 열려있다는 점에서 버틀러의 젠더 개념을 상당부분 수용한 것으로 보인다.

또 섹스와 젠더의 비호응에서 오는 의미의 변화를 긍정적으로 수용한다는 점에서 핼버스탬의 논의도 수용된다고 본다. 결국 젠더의 의미 자체가 사회문화의 이차적 구성물이고 그 의미조차 끊임없이 변한다면 섹스, 젠더, 섹슈얼리티도 언제나 새로운 의미망 속에 열려 있다. 그런 의미에서 이 책은 젠더의 개념 자체에 대한 복합적 해석을 보여준다. '젠더 정체성'은 심리적 동일시를, '젠더 표현'은 젠더의 외적 표현의 하나로 젠더에 맞는 역할과 행동을 말한다. 이런 표현이 몸이나 옷으로 나타나면 젠더 '체현'으로 나타난다. '젠더 퀴어'는 이런 몸과 옷의 표현이 전통적인 남녀의 이분법에 맞지 않는 모든 경우를 통칭한다. '젠더 다양성', '젠더 플러스', '젠더 플루이드'는 젠더 이분법을 넘어서는 다양한 표현 양상을 말한다. 젠더는 문화적 구성물이라고 통상 알려져 있으나, 해부학적 결정물로 보는 사람도 있고, 때로는 섹슈얼리티의 영역까지 넘나들기 때문이다. 다만 중요한 것은 젠더가 언제나 변화한다는 점이다.

이 책에서 각 장은 젠더에 대한 생물학적 접근과 사회 문화적 접근, 젠더 다양성의 역사, 젠더 해방 운동의 관점에서 다양하게 젠더에 접근한다. 우선 1장은 자연과 문화 속에서 섹스의 사회적 의미를 밝혀 섹스가 이미 젠더임을 말한다. 2장은 사회 문화적 구성물로서의 젠더가 시대마다 사회마다 어떻게 다르게 나타났는지 실제 자료를 중심으로 젠더 사회화 양상을 고증한다. 3장은 역사 속에 있었던 '제3의 젠더'와 성별 이분법을 가로지르는 여러 실천을 통해 젠더의 다양한 양상을 구체적으로 제시한다. 4장은 젠더 불평등을 개선하고 기존의 이분법적 젠더 구조에 도전하는 전 세계의 여러 저항 방식을 보여준다. 생물학과 과학에 관심이 있는 사람은 1장을, 문화와 사회에 관심 있는 사람은 2장을, 역사 속의 다양한 젠더 실천이 궁금한 사람은 3장을, 젠더 이해와 젠더 평등의 지평을 넓히려는 운동에 관심이 있는 사람은 4장을 먼저 읽어도 좋다.

젠더는 유동적인가?

마지막으로 이 책 제목('*Is Gender Fluid?*')이 젠더의 유동성과 변화 가능성을 묻고
있으므로 이 질문에 답할 필요를 느낀다. 언어적이고 문법적인 성에서 시작해 사회 문화적
성으로 변천해 온 젠더조차 때로 고정된 것으로 인식될 수 있기 때문이다. 젠더 퀴어,
트랜스젠더, 젠더 플루이드라는 용어 자체가 이미 젠더 이분법 너머로 젠더가 차이와
다양성으로 흘러내리고 있다는 것을 말해준다. 후천적으로 구성된 성조차 액체처럼 스미고
흘러넘쳐 고체로 굳어진 젠더 경계를 위반한다. 그래서 젠더는 이미 언제나 유동적이다.
우리가 인간을 이해할 때 기준점으로 삼는 것 중의 하나가 고정되었다고 믿는 성별과 성차이다.
그만큼 성의 구분만큼은 변하지 않을 것이라고 전제하는 경향이 있다. 그런 의미에서 남녀,
소년, 소녀 같은 일상화된 표현에 문제를 제기하고자 일부러 순서를 바꾸어 여자와 남자, 혹은
소녀와 소년으로 원문에 쓴 것을 맥락에 저해되지 않는 한 번역에서도 살리려 노력했다. 사실
젠더뿐 아니라 섹스나 섹슈얼리티도 그렇게 확고하거나 딱 떨어지게 이원적인 적은 없었다.
젠더는 액체처럼 흘러내린다. 예전이나 지금이나, 세상 구석구석에서.

옮긴이 조현준

경희대 후마니타스칼리지 교수. (사)여성문화이론 연구소 회원. 저서로 《젠더는 패러디다》, 《주디스 버틀러, 젠더 트러블》, 《쉽게 읽는 젠더 이야기》가 있고, 공저로 《페미니즘의 개념들》, 《페미니스트 정신분석 이론가들》, 역서로 《젠더 트러블》, 《젠더 허물기》, 《써커스의 밤》이 있다.

초판 1쇄 인쇄 2019년 9월 10일 **초판 1쇄 발행** 2019년 9월 20일
지은이 샐리 하인즈 **옮긴이** 조현준 **편집** 매튜 테일러

펴낸이 김지은 **펴낸곳** 도서출판 자유의 길 **출판등록** 제2017-000167호
전화 031-816-7431 **팩스** 031-816-7430 **이메일** bookbear1@naver.com
홈페이지 https://www.bookbear.co.kr

ISBN 979-11-965625-7-1 (04300)
ISBN 979-11-965625-8-8 (04080)

The Big Idea Series: Is Gender Fluid? Text by Sally Hines, General Editor: Matthew Taylor
Is Gender Fluid? ⓒ 2018 Thames & Hudson Ltd
For image copyright information, see pp. 138-139
All rights reserved.
This edition first published in Korea in 2019 by The Roads to Freedom Publishers
Korean edition ⓒ 2019 by The Roads to Freedom Publishers
Korean translation rights are arranged with Thames & Hudson Ltd, London through AMO Agency, Seoul, Korea

·이 책의 한국어판 저작권은 AMO에이전시를 통해 저작권자와 독점 계약한 도서출판 자유의 길에 있습니다.
저작권법에 의해 한국 내에서 보호를 받는 저작물이므로 무단 전재와 무단 복제를 금합니다.
·이 도서의 국립중앙도서관 출판예정도서목록(CIP)은 서지정보유통지원시스템(http://seoji.go.kr)과 국가자료종합목록시스템
(http://www.nl.go.kr/kolisnet)에서 이용하실 수 있습니다(CIP제어번호2019029657).

·잘못 만들어진 책은 바꿔드립니다. 책값은 뒤표지에 있습니다.

 길은 네트워크입니다. 자유의 길 로고는 어디든 갈 수 있고, 모든 곳에 열려 있는 자유로운 길을 의미합니다.
도서출판 자유의 길은 예술과 인문교양 분야에서 사람과 사람, 자유로운 마음과 생각, 매체와 매체를 잇는 책을 만듭니다.

젠더 연표 Milestones

1503~1492 BC	이집트에서 남자 옷을 입고 전통적 파라오 수염을 기르고 있는 여자 파라오 하트셉수트Hatshepsut를 그림.
400 BC– 200 AD	고대인도 힌두 성전 카마수트라에서 '제3의 성third sex'를 가진 사람에 대해 언급.
220 AD	바이섹슈얼이자 젠더 비순응자로 예측되는 로마황제 엘라가발루스가 18세 나이에 암살당함.
1412	남자 옷을 입고 영국에 맞서 싸웠던 프랑스의 여성 영웅 잔 다르크 출생.
1654	스웨덴 크리스티나 여왕이 왕위에서 물러나 크로스 드레싱을 하며, 남자에게 붙이는 도나 백작이라는 칭호를 스스로 내림.
1711	조셉 프랑소와 라피토가 아메리카 원주민 이로쿠아 부족의 제3의 젠더 실천에 대해 처음으로 유럽의 관점에서 설명.
1728	프랑스에서 남자와 여자로 자신을 다양하게 표현했던 슈발리에 데온 출생.
1755	영국 최초의 공개적 트랜스젠더인 샬롯 클라크가 자서전 출판.
1870	칼 프리드리히 오토 웨스트팔이 동성애와 트랜스 섹슈얼리티에 대한 첫 번째 의학논문을 출판. '대조적 성감'을 보이는 두 사례에 대해 기술.
1891	타히티 지역 주민들이 긴 머리를 한 화가 폴 고갱을 처음 보고 유럽의 '마후'라고 여김.
1919	베를린에서 마그누스 히르슈펠트가 트랜스젠더를 위한 최초의 클리닉을 개설.
1930	덴마크의 릴리 엘베, 최초로 젠더 확정 수술을 받음.
1939~1945	2차 세계대전 동안 나치 정권이 수천 명의 게이와 트랜스젠더들을 감금·고문·살해하고, 의학 실험을 강행.
1951~1952	크리스틴 조르겐센, 젠더 '성전환'을 한 최초의 미국인으로 많은 관심을 받음.
1958	러시아의 주디 우 박사가 젠더 재배치를 위한 최초의 완전한 음경성형수술에 성공.
1964	리드 에릭슨의 에릭슨 교육 재단이 게이와 트랜스젠더 권리 증진.
1966	캠프톤 카페테리아 시위자들이 샌프란시스코에서 경찰이 트랜스들을 학대한 것에 항의. 해리 벤자민이 《트랜스섹슈얼 현상》에서 성의 재배치를 옹호.
1969	스톤월 항쟁에서 LGBT 공동체 멤버가 경찰과 충돌.
1972	스웨덴이 세계 최초로 시민에게 법적으로 성을 바꿀 수 있게 함.
1977	뉴욕 주 대법원이 트랜스젠더 여성 르네 리차즈가 여성 프로 테니스 선수로 뛸 수 있는 권리를 선언.
1990	주디스 버틀러는 명저 《젠더 트러블》에서 젠더는 행동으로 정해진다고 확립.
1999	최초의 트랜스젠더 기념일에 트랜스 살해 희생자들을 추모.
1999	베리 윈첼, 트랜스 여성 칼페르니아 아담스와 데이트 중인 것을 알게 된 동료 군인에게 살해당함. 이 사건이 미국의 정책, '묻지도 말고 말하지도 말라'를 놓고 논쟁 촉발.
2008	트랜스 십대 청소년 앤지 자파타가 살해당함. 살인자는 미국에서 최초로 트랜스들에게 폭력을 행사한 혐오 범죄로 유죄판정을 받음.
2008	오레곤 주 실버튼에서 스투 라스우센이 미국 최초의 (커밍아웃한) 트랜스젠더 시장으로 선출.
2012	미국의 평등 고용 기회 위원회, 트랜스젠더 근로자가 1964년 시민권 법령 제7장의 보호를 받는다고 선언.
2016	오바마 행정부, 미국 공립학교가 학생들이 화장실과 라커룸을 자기 젠더 정체성에 맞게 사용하도록 지시.
2017	덴마크, 공식적으로 트랜스젠더 정체성을 정신 건강 질환 목록에서 삭제.
2017	독일, 인터섹스인 사람은 남자도 여자도 아닌 것으로 출생 신고할 수 있도록 법으로 규정.